어제 어떻게 먹었나요?

어제 어떻게 먹었나요?

육하원칙으로 본 먹을거리

안철환 지음

"오늘의 나는 어제 먹은 밥"이라는 말이 있습니다. 여기에서 밥은 물질적인 재료(What)만을 뜻하지 않습니다. 그 밥을 어디서 (Where), 누구와(Who), 어떻게(How), 언제(When), 왜(Why) 먹었는지까지 포함한다고 봅니다. 같은 밥이라도 집에서 먹었는지 밖에서 먹었는지, 식구들과 먹었는지 혼자 먹었는지, 제시간에 먹었는지 야식으로 먹었는지, 그 밥을 준 땅과 하늘, 농부에게 감사한 마음으로 먹었는지 그냥 먹었는지에 따라 오늘의 나는 달라질 수 있습니다. '오늘 무엇을 먹었나요?'가 아니라 '어제 어떻게 먹었나요?'로 책 제목을 정한 이유이고, '육하원칙으로 본 먹을거리'라는 부제를 단 이유이기도 합니다.

먹을거리에는 우리 삶의 모든 게 들어있습니다. 부모님의 정성, 먹을거리를 생산한 농부의 땀, 함께 먹을 밥상공동체 식구들의 정이 담겨있습니다. 그뿐 아닙니다. 먹을거리에는 사람뿐 아니라 온갖 생명들의 삶 또한 들어있습니다. 저희 농장에선 개구리와 두꺼비, 지렁이와 땅강아지, 거미와 무당벌레, 두더지와 뱀, 꿀벌과 말벌, 각종 새가 모두 농부입니다. 하다못해 농작물에 피해를 주는 병해충도 식구입니다. 좋은 놈, 나쁜 놈이 다 있습니다. 그게 자연이니까요.

이처럼 먹을거리에는 무궁무진한 자연의 기운이 담겨있습니다. 우리는 단지 물질적인 재료만 먹는 게 아닙니다. 그래서 이 책은 육하원칙 가운데 흔히 떠올리는 '뭘 먹지?'가 아니라, '왜 먹지?'로 이야기를 시작합니다. "왜 먹지?"라는 물음에 먼저 "먹긴 왜 먹겠냐? 살기 위해 먹지"라고 많이들 대답하는데, 저는 그 반대로 "먹기 위해 살지 뭐"라고 말합니다. 다음으로 "건강하기 위해 먹는다"는 대답이 가능할 텐데, 이에 대해서도 저는 거꾸로 "건강을 추구하지 말자"고 말합니다. 인간은 누구나 죽고, 결국 건강을 잃게 되어 있으니 건강 추구는 쓸모없는 짓이라고 비꼬기까지 합니다. 마지막으로 "맛있는 거 먹는 낙으로 산다"는 대답이 있을 수 있습니다. 이에 대해서는 무조건 단맛을 추구하는 얄팍한 입맛으로 먹지 말고, 먹을거리의 본래 맛을 추구하는 깊은 장(腸)맛으로 먹자고 제안합니다.

'왜' 다음에는 언제, 무엇을, 어떻게, 누구와, 어디서 먹을지를 순서대로 다룹니다. 그리고 마지막으로 '왜 먹지?'를 다시 다룹니다. 결론에 해당하는 '다시, 왜 먹지?'에선 우리가 먹을거리를 통해 맺고자 하는 두 가지 관계를 소개하는데요. 하나는 횡적인 관계이고 다른 하나는 종적인 관계입니다. 횡적인 관계는 먹을거리를 둘러싼 사회적 관계, 곧 인간 간의 관계를 살펴보는 관점이고, 종적인 관계는 먹을거리를 둘러싼 자연적 관계, 곧 대지와 우주 자연의 관계를 살펴보는 관점입니다. 말하자면 횡적인 소통과 종적인 소통을 위해 먹는다는 것인데, 자세한 내용은 본문에서 다루도록 하겠습니다.

차례

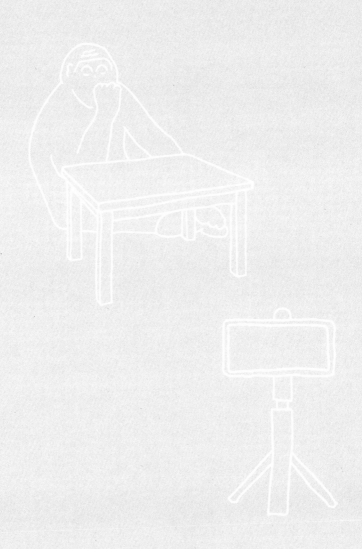

먹기 위해 산다?

"왜 우리는 먹어야 할까요?"

강의 같은 데서 이 질문을 하면 흔히 이렇게들 대답합니다.

"살기 위해 먹죠."

"건강을 위해 먹기도 하겠죠."

"맛있는 거 먹는 낙으로 살지 않나요?"

이 대답들에 대한 제 생각을 펼치는 걸로 이야기를 시작하겠습니다.

밥 먹기를 돼지처럼 좋아하는 사람한테 "너는 먹기 위해 사냐?"라고 빈정대는 말이 있습니다. 그러면 돼지가 아닌 저는 머뭇거리지 않고 바로 "먹기 위해 산다"라고 대답해요. 실제로 밥을 좋아하기도 하지만 먹는 일만큼 인생에서 중요한 게 별로 없다고 생각하기 때문이죠.

요즘 패스트푸드나 배달 음식, 혼밥이 빠르게 늘어나는 세태인데요. 각자의 형편에 따르겠지만, 먹는 일을 한 끼 때우기로 여기는 듯해 안타까운 마음이 듭니다. 정반대로, 먹는 일을 지나치게 중시해서 안전한 음식에 집착하는 사람이 있습니다. 아마도 먹을거리의 세계화와 관련이 깊을 텐데요. 안전을 믿을 수 없는 저렴한 수입 농산물이 늘어나면서 먹을거리에 대한 불신이 커졌고, 그에 따라 안전한 음식에 대한 집착도 커졌습니다. 한 끼 때우는 것이든 안전한 먹을거리에 집착하는 것이든 모두 극단적인 태도일 뿐입니다. 차라리 먹기 위해 산다고 할 만큼 먹는 일을 귀하게 여기는 문화가 절실하다고 생각합니다. 생명활동의 제일 기본은 '먹기'니까요.

물론 먹는 일만 생명활동은 아닙니다. 잠자고 배설하는 대사활동과 2세를 낳는 생식활동이 있습니다. 인간이라는 생명체에는 사회활동, 즉 다른 생명과 소통하는 활동이 추가되고요. 저는 생명활동의 기본을 먹이활동이라 봅니다. 대사활동을 하든 생식활동을 하든 사회활동을 하든 먹는 일은 공통으로 들어갑니다. 먹는 일은 일상적이어서 하찮다고 여길지 모르겠지만 잘못된 먹이활동은 인간의 생명활동에 큰 문제가 될 수 있습니다.

옛날에 노자라는 철학자는 《도덕경》 3장에서 먹이활동을 이렇게 강조합니다. "허기심(虛其心) 실기복(實其腹)." '그 마음을 비우고 그 배를 채우라'는 뜻입니다. 말하자면 먹이활동을 열심히 하라는 뜻이죠. 누구는 '실기복'을 백성의 배를 채워주는 임금의 책무를 말한다고 보는가 하면, 누구는 배 아래 단전이라는 혈(穴) 자리로 기(氣)를 모으라는 뜻으로 해석합니다. 둘 다 노자라는 위대한 스승이 쩨쩨하게 밥으로 배 채우라고 가르치지는 않았을 거라는 전제인데, 저는 말 그대로 밥으로 배를 채우라는 뜻으로 봐요.

예로부터 '밥'이 곧 '나'라고 했습니다. 다시 말하면 "나는 어제 먹은 밥"입니다. 그렇다면 어떤 밥을 먹느냐가 관건이겠죠. 어떤 밥을 먹느냐가 어떤 삶을 사느냐를 좌우할 수도 있다는 겁니다. 나를 만드는 방법은 많습니다. 성형수술도 있고, 수련과 운동도 있고, 약물 복용도 있고, 공부와 종교활동도 있습니다. 그러나 무엇을 하든 기본은 먹을거리입니다. 먹을거리는 몸을 만들고 마음을 만듭니다. 먹을거리가 몸과 마음을 만드는 사례를 살펴볼까요?

쉬운 예로 홍학이 있습니다. 홍학은 어릴 때 회색빛을 띠다 어른이 되면 빨간빛을 띠는데 게, 새우, 조류 등 홍학의 주요 먹이로부터 섭취한 카로틴(Carotene) 때문입니다. 카로틴은 균류, 식물 및 과일에 풍부한 강한 색상의 적황색 유기 색소입니다. 말하자면 '빨간색 밥 때문에 빨개졌다!' 이겁니다. 그리고 원래 잡식동물이었던 코알라는 유칼립투스 잎을 주식으로 하면서 맨날 잠만 자는 동물이 되었습니다. 유칼립투스 잎에 수면제 성분이 들어있거든요.

또한 육식동물이었던 판다는 댓잎을 먹는 채식동물¹로 바뀌면서 성격이 온순해졌습니다. 고기만 먹던 사나운 곰 또한 풀을 먹으면서 성격이 부드러워졌습니다. 대체로 육식동물이 사납고 채식동물이 온순한 까닭은 이렇게 먹이에 차이가 있기 때문입니다. 수행하는 스님이 고기를 먹지 않는 까닭은 살생을 금하는 불교의 교리 때문이지만, 그보다는 열량 높은 육식성 음식을 먹으면서 수련에 필요한 차분한 마음을 가질 수는 없어서일 겁니다. 살생을 금한다면 풀도 먹지 말아야 할 텐데 엄연히 같은 생명인 풀만 먹는다는 건 어폐가 있죠. 서양에선 전투에 내보낼 병사들에게 고기를 많이 먹여 사기를 올렸다고 합니다. 몽골군이 세계에서 가장 넓은 영토를 점령할 만큼 군사력이 강력했던 배경엔 고기를 주식으로 하면서 아주 효율적인 전투식량으로 활용하는 그들만의 노하우가 있었습니다.

아무렇게나 살려면 아무거나 먹어도 됩니다. 그러나 잘 살려면 잘 먹어야 합니다. 잘 먹는다는 건 많이 먹거나 맛있는 음식을 먹는 게 아닙니다. 나를 나답게 만들어주는 음식을 먹는 거죠. 홍학이 홍학답게 만들어주는 게와 새우를 먹듯, 판다가 판다답게 해주는 댓잎을 먹듯, 코알라가 코알라답게 만들어주는 유칼립투스 잎을 먹듯 말입니다. 앞에서 제가 "먹기 위해 산다"고 역설한 이유가 바로 여기에 있습니다. 먹기는 나를 만드는 일이니 잘 먹어서 나를 만드는 삶을 살자는 겁니다. 제 생각에, 나를 만드는 삶은 곧 나를 위한 삶이며 나다운 삶입니다.

그럼 나다운 삶은 어떤 모습일까요?《논어》〈자로〉에 나오는 "군자(君子)는 화이부동(和而不同)하고 소인(小人)은 동이불화(同而不和)한다"는 말이 잘 표현하고 있다고 생각합니다. 해석하면, 군자는 남과 화합할 수 있지만 같지 않고 소인은 남과 같으면서 화합할 줄 모른다는 뜻입니다. 너와 내가 엄연히 다른 존재이지만 언제든 화합할 수 있는 까닭은, 내가 나다운 만큼 남도 남답다는 걸 인정하기 때문입니다. 반면 너와 나는 '깐부'이고 평생 동지라면서 막상 화합을 이루지 못하는데, 너와 내가 같다고 하면 위선에 불과합니다. 말하자면 군자는 누구와도 잘 어울리지만 한시도 나답지 않은 적이 없는(不同) 사람이고, 소인은 누구와 같은 편인 척(同)하지만 정작 어울리지 못하는(不和) 나답지 못한 사람입니다. 다른 말로 하면, 나다운 자존감(自存感)[2]이 부족하니 남과 어울릴 자신감도 부족해 강자에겐 약하고 약자에겐 강한 사람입니다. 소인은 내 안에 강자든 약자든 남이 가득 들어와 있어 나다울 수 없습니다.

그러나 공자의 이 말은 다 좋은데, 군자와 소인으로 나눈 것이 아쉽습니다. 군자를 높이고 소인을 낮추는 듯한 표현은 전형적인 엘리트주의로 오해받기 십상입니다. 설령 소인이라도 사람이라면, 아니 하찮은 미물일지라도 화이부동은 기본적인 생명의 원리이자 속성이라 할 수 있습니다.

물론 자연계의 모든 생명은 먹고 먹히는 치열한 먹이사슬에 갇힌 존재일 뿐 화이부동이라는 고상한 철학을 갖는다고 보기 어렵습니다. 자연이 무슨 철학을 갖고 있겠어요? 정녕 그렇다면 웃기는 일입니다. 그보다 자연의 모든 생명은 하나도 빠짐없이 모두 다른데(不同) 그 자체의 본성으로 인해 놀랍도록 조화로움(化)으로 나아가는 존재라고 봐야 마땅합니다. 그리고 먹이활동은 이러한 자연적 본성이 작동하는 중요한 기제이며 나다운 나를 만드는 행위입니다. 나와 다른 다양성을 확대해 가는 원동력이며 모두의 조화를 모아가는 지휘자죠.

그럼 나다운 삶을 사는 데 어떤 밥이 필요할까요? 예부터 어머니가 해주는 밥이 아닌 눈칫밥을 먹으며 천대받는 사람을 '천덕꾸러기'라고 불렀습니다. 남의 눈치를 보면서 밥을 얻어먹는 천덕꾸러기는 자기를 위한 삶, 자기다운 삶을 꿈꾸기 힘듭니다. 따라서 저는 어머니가 해주는 밥이 제일 나다운 삶을 사는 데 필요하다고 생각합니다. 여기서 '어머니'를 고정된 성역할로서의 '여성'으로 이해하는 분은 안 계시리라 생각합니다. 그리고 어머니는 흙과 같은 존재이니 결국 흙이 만들어주는 밥이 핵심입니다, 문제는 아무 흙이 아니라 살아있는 흙이어야 한다는 겁니다. 나아가 내가 발 딛고 사는 지역의 살아있는 흙이어야 합니다.

건강을 위해 먹는다?

요즘은 먹을거리가 넘쳐나는 세상이어서 살기 위해 먹는다기보다 건강하기 위해 먹습니다. 양보다 질이 우선이어서 무엇을 먹으면 '배부르다'고 추천하기보다 무엇을 먹으면 '몸에 좋다'고 추천하죠. 질보다 양을 중시하던 시절을 생각하면 감회가 새롭습니다.

원래 우리는 음식을 약식동원(藥食同源), 곧 약과 같다고 여겼습니다. 그래서 음식으로 고치지 못하는 병은 약으로도 고치지 못한다고 했습니다. 하지만 저는 이 말에 독식동원(毒食同源)이라는 뜻이 숨어있다고 봐요. 음식은 독이 될 때도 있다는 말입니다. 약이 되는 음식이 따로 있고 독이 되는 음식이 따로 있는 게 아닙니다. 동전의 양면처럼 음식은 한편에선 약이 되고 다른 한편에선 독이 됩니다. 예를 들면 누구에게는 약이 되는 음식이 다른 누구에게는 독이 될 수 있습니다. 같은 음식이 어느 때는 약이 되지만 다른 때는 독이 될 수 있고요. 같은 음식이 어떤 곳에서는 약이 되지만 다른 곳에서는 독이 될 수 있습니다. 이에 대해서는 'When'과 'Where' 장에서 자세히 살펴보겠습니다.

기본적으로 음식을 그 본성대로 먹으면 약이 될 가능성이 크지만, 본성을 거역해서 먹으면 독이 될 가능성이 큽니다. 약이 된다고해서 과하게 먹으면 독이 될 가능성이 크고요. 사실 약과 독은 종이한 장 차이입니다. 과하면 독이고 적당하면 약이 된다고 합니다. 실제로 서양 의학에선 독과 약의 차이를 다만 용량의 차이로 봤고, 한의학에선 독을 약과 같은 개념으로 봤습니다. 이렇게 음식은 약이되기도 하고 독이 되기도 하니, 치료의 목적이라면 그에 맞는 특별한 음식을 먹어야겠지만 예방의 목적이라면 골고루 먹는 게 중요합니다. 편식과 반찬 투정을 경계하고 담백한 음식을 강조했던 조상의 지혜가 의미 있는 이유입니다.

그런 점에서 저는 독도 아니고 약도 아닌 물과 공기가 음식보다 중요하다고 봐요. 물론 아무 물이나 공기가 좋은 건 아닙니다. 오늘날처럼 오염이 심각할 때는 더욱 그렇습니다.

그러면 무엇이 좋은 물일까요? 나무가 뱉어낸 물, 흙이 뱉어낸물입니다. 말하자면 지표수인데, 깊은 산속 계곡물과 그 물이 땅속으로 들어갔다가 산 밑으로 내려와 다시 땅 위로 솟구치는 옹달샘의 물, 곧 우물물입니다. 이런 물에는 미네랄이 풍부하고 중금속이 없습니다. 가벼운 물이죠.

반면 지하수는 무거운 물입니다. 중금속이 많아서 먹을 수 있는지 꼭 검사해야 합니다. 천연암반수처럼 좋은 지하수는 드뭅니다. 빗물은 산성인 데다 미네랄이 부족해 음료수로는 적당하지 않고 농업용수로 훌륭합니다. 정수기 물은 강제로 주요 미네랄만 공급하므로 미네랄이 풍부하지 않습니다. 게다가 역삼투압 방식으로 정수하느라 버려지는 물이 많습니다.

깊은 산속 계곡물이나 우물물이 없는 지금의 도시에선 수돗물이 제일 괜찮다고 생각해서 저는 20년 넘게 수돗물을 먹고 있어요. 몇 년 전까지는 보리를 넣어 끓여 먹거나 끓인 물에 차를 묽게 타서 먹었어요. 물을 살균하고, 물속에 남아 있는 질소를 날려버리고, 차를 타서 미네랄을 보충하고, 배 속에서 물 흡수를 돕기 위해서요. 그런데 한여름 더위에 물 끓이느라 애먹는 것도 그렇고, 끓이느라 소모하는 가스도 아까웠어요.

그래서 곰곰 생각했죠. 요즘 수돗물은 정수장에서 충분히 살균할 뿐더러 기술이 좋아져 옛날처럼 소독약 냄새가 나지 않습니다. 다만 수도관 문제가 마음에 걸리더라고요. 시험 삼아 수돗물을 큰 그릇에 며칠 동안 담아 놓아봤죠. 과연 관 교체를 많이 했다고 하더니 가라앉는 녹이나 이물질이 전혀 없었습니다. 때마침 '인근 신도시 아파트 수도에서 벌레가 나왔다', '정체 모를 이상한 이물질이 섞여 나왔다'고 언론이 떠들고 난리였어요. 많이 고민됐지만, 우리 수도는 그런 일이 없어서 그냥 먹기로 했습니다. 어디든 문제는 있는 법, 구더기 무서워 장 담기를 포기할 수는 없으니까요. 강물을 받은 것이니 미네랄도 풍부할 것으로 판단했고요. 그렇게 수돗물을 먹기 시작한 지 2년이 넘었습니다. 다만 바로 먹지 않고 병에 한두 시간 담아 두었다가 먹습니다. 외국에 수돗물을 그냥 먹는 나라가 꽤 있다는데 우리도 그런 날이 어서 오길 기다려봅니다. 플라스틱병에 담아 파는 생수 때문에 생기는 환경 파괴와 쓰레기를 생각하면 더 절실해집니다.

공기는 물보다 더 중요합니다. 물은 잠시 먹지 않아도 참을 수 있지만 공기는 잠시라도 들이마시지 않으면 큰일 납니다. 인간이 직립 보행하면서 잃은 게 많지만 중요한 이득을 얻기도 했는데, 서서 숨을 쉬느라 하늘과 더 많이 소통하게 된 게 아닐까 싶습니다. 숨쉬기를 하늘과의 소통이라 했을 때 그것은 단순히 공기를 들이마신다는 의미가 아닙니다. 하늘엔 공기뿐 아니라 햇빛도 있고 달빛도 있고 별빛도 있습니다. 그래서 좋은 햇빛, 좋은 달빛, 좋은 별빛을 쐬는 게 건강에 매우 중요합니다.

햇빛 중 우리 눈에 보이는 게 가시광선입니다. 가시광선은 식물과 작물이 광합성을 통해 양분을 만드는 데 결정적인 영향을 끼칩니다. 사람에게 직접 영향을 주진 않지만, 광합성으로 만들어진 양분이 사람 입속으로 들어가 에너지를 공급하니 건강에 중요합니다. 반면 눈에 보이지 않는 자외선은 그 영향이 직접적입니다. 자외선을 강하게 쐬면 피부암의 원인이 되지만 적당히 쐬면 비타민D가 만들어지죠. 비타민D는 칼슘 흡수를 높여 뼈를 튼튼하게 만듭니다.

밤하늘엔 우주의 수많은 별로부터 우주선(宇宙線)이 쏟아집니다. 우주선은 직접 쐬면 무서운 독으로 작용하는데, 지구의 대기가 이 우주선을 걸러주므로 피해를 끼치진 않습니다. 버섯은 가시광선을 통한 광합성을 전혀 하지 않으므로 이 우주선을 이용해 생산활동을 한다고 버섯 연구자들은 말합니다.

이런 하늘의 기운과 소통하는 좋은 방법은 콘크리트 상자인 건물 안에서 벗어나 바깥으로 나가는 겁니다. 맑은 공기를 마시고 좋은 햇빛을 쐬고 보이지 않는 다양한 우주선을 이용하면서 하늘의 기운과 소통하는 겁니다. 건축 주자재인 콘크리트에는 우라늄 계열의 방사능이 들어있어서 아무리 미세먼지 많은 바깥 공기를 막는다 한들 한계가 있습니다. 또한 미세먼지 피하려고 문을 꼭꼭 닫고 공기 정화기를 틀어놓으면 실내 이산화탄소 농도가 높아집니다. 부득이한 경우가 아니라면 애써서라도 바깥으로 나가야 합니다.

특히 운동이 중요한데요. 돈 주고 하는 실내 운동보다 돈 들이지 않고 실내 방사능을 피할 수 있는 실외 걷기 운동을 권하고 싶습니다. 노동은 인대를 쓰는 반면 운동은 근육을 씁니다. 노동은 한쪽으로 치우친 동작만하므로 몸을 망가뜨릴 수 있지만 운동은 다양한 움직임으로 여러 근육, 평상시엔 쓰지 않는 근육을 쓰므로 몸의 균형을 맞춰줍니다. 제 생각에 운동의 효과는 여러 가지 있지만, 제일은 몸의 균형을 잡아주는 데 있어요. 운동을 하면 몸의 항상성 조절 능력이 높아지고, 항상성 조절 능력이 높아지면 마음이 평화로워집니다. 스트레스 지수가 떨어지죠. 이렇게 마음의 평화가 오면 다시 몸의 항상성이 높아지기 마련입니다. 몸의 균형을 온전히 잡아줘 몸의 항상성을 높이는 운동으로는 요가와 명상 같은 정적인 운동이 좋을 것 같습니다. 하지만 운동은 평상시에 일상처럼 하는 게 중요하고, 일상적으로 할 수 있는 지속 가능한 운동은 걷기입니다. 다리를 쓰는 걷기는 내장을 자극해 내장 운동 효과까지 얻을 수 있습니다.

마지막으로 물과 공기보다 중요한 게 마음가짐, 곧 건강 철학입니다. 건강 철학 중에 제가 우려하는 건 건강 지상주의예요. 예를 들면 건강을 강조하는 격언 가운데 이런 말이 있습니다. "재물을 잃는 것은 조금 잃는 것이요, 명예를 잃는 것은 많이 잃는 것이고, 건강을 잃는 것은 다 잃는 것이다." 물론 건강이 돈과 명예보다 더 중요하다는 뜻을 모르는 건 아니지만, '잃는다'는 수사가 붙으면서 그 취지가 왜곡될 수 있음을 지적하고자 합니다. 따지고 보면 누구나 건강을 잃게 되어 있습니다. 누구나 죽습니다. 아무리 건강해지려고 애써도 인간은 결국 건강을 잃습니다. 그렇다고 건강해지려 애쓰지 말자는 말은 아닙니다. 굳이 말하자면 집착하지 말자는 겁니다.

건강은 나이마다 그 기준이 달라야 합니다. 건강을 힘과 에너지 관점으로 보는 사람은 젊음만 추구하고 늙음을 추하게 여겨 늙는 걸 감추려 합니다. 미용술, 화장술이 발달하고 늙은 외모를 감추는 성형수술이 유행입니다. 약간은 안쓰럽기까지 한 문화가 퍼지고 있습니다.

늙는다는 건 젊음을 잃기 때문에 추하고 부끄러운 게 아니라 인생의 연륜이 쌓여 익어가는 현상이라고 저는 강조해요. 그래서 늙은이라는 말보다 '익은이'가 더 적당하다고 생각합니다. 늙은 호박, 늙은 오이를 어느 지방에선 익은 호박, 익은 오이라고 부릅니다. 늙어가는 것이 아니라 익어가는 것이라는 노래도 있지 않습니까?

익은이의 관점에서 보면 젊은이는 날것, 생것, 또는 풋 익은 것입니다. 풋 익은 것에는 독이 있기 마련이죠. 풋 익은 감엔 떫은 독이 있고 풋 익은 사과는 신맛이 납니다. 이렇게 젊은이에게는 생동하는 생명력이 있지만 공격적인 독도 있습니다. 반면 늙은이는 힘이 없어 방어적이지만 담백하고 깊은 맛이 있죠. 건강에 젊음이라는 절대 기준이 있는 게 아닙니다. 나이에 따라 상대적으로 봐야 합니다. 나이에 어울리는 건강 기준을 찾는 게 중요합니다.

맛있는 거 먹는 낙으로 산다?

다음으로 '맛있는 거 먹는 낙으로 산다'는 대답에 대해 살펴보겠습니다. 맛에는 다섯 가지 종류가 있습니다. 신맛, 쓴맛, 단맛, 매운맛, 짠맛. 이 맛들은 계절과 통합니다. 신맛은 봄, 쓴맛은 여름, 매운맛은 가을, 짠맛은 겨울. 단맛은 과도기와 환절기 또는 모든 맛에 공통으로 들어가는 기본 맛입니다. 하나하나 살펴볼까요?

신맛은 겨우내 잠들어 있어 늘어진 세포와 기운을 조여주고 깨워주므로 봄에 꼭 섭취해야 합니다. 초봄에 먹을 수 있는 들녘의 풀에는 신맛의 기운이 있습니다. 괭이밥과 시영풀이 대표적이고 냉이, 광대나물 등도 신맛을 품고 있습니다. 초고추장에 찍어 먹기도 하는데, 겨우내 쉬느라 느슨해진 몸을 일깨우려는 목적입니다. 신맛 나는 풀에는 비타민이 많습니다. 봄나물의 대명사 냉이에는 비타민과 단백질이 풍부하고 철분과 칼슘이 많습니다. 신맛이 나지 않는 봄나물에도 물론 비타민이 풍부합니다. 비타민은 영양제라기보다 몸의 순환을 돕는 신진대사 촉진 물질입니다. 겨우내 움츠렸던 몸을 깨어나게 하는 필수 물질인 비타민이 가득하니 봄에는 풀을 많이 먹어야 합니다. 신맛은 간을 좋게 합니다.

시간이 흘러 봄이 무르익고 여름이 가까워지면 쓴맛 나는 풀을 먹어야 합니다. 초봄의 풀은 날이 따뜻해지면 성장하면서 쓴맛을 만들어냅니다. 민들레, 씀바귀, 쑥, 두릅과 취나물 등 쓴맛, 아니 씁쓰레한 맛 나는 이 풀들은 여름의 식중독과 더위를 예방하는 필수 음식입니다. 그래서 한의학에서는 쓴맛이 찬 성질을 가지고 있어 여름의 열기로부터 몸을 보호하고 심장을 안정시키며 여름의 습기를 말리고 염증을 제거한다고 봅니다. 쓴맛은 심장을 이롭게 합니다.

가을이 되면 매운맛이 필요합니다. 매운맛은 열을 발산하고 몸을 데워줍니다. 땀으로 몸속 염증 등 노폐물을 배출시키기도 합니다. 또한 여름의 열기를 풀어주고 가을에 시작되는 찬 기운을 막아줍니다. 가을에 익기 시작하는 고추가 대표적입니다. 초여름에 수확한 마늘과 양파도 좋습니다. 매운맛은 폐를 보호합니다.

겨울과 통하는 맛은 짠맛입니다. 겨울엔 신장을 건강하게 해주어야 하는데, 짠맛이 그 역할을 합니다. 그렇다고 지나치게 짜게 먹어야 한다는 건 아닙니다. 오히려 겨울엔 싱겁게 먹을 필요가 있습니다. 땀을 적게 흘리니까요. 짠맛을 내는 음식은 소금입니다. 그러나 직접 먹기보다 간수와 각종 독을 제거한 뒤 먹어야 좋습니다. 소금을 가공한 대표적인 음식이 바로 간장, 된장입니다. 젓갈을 액화한 액젓도 소금을 가공한 대표적인 짠맛 음식입니다.

소금이 귀했던 옛날엔 소금 대용 식물을 먹었습니다. 바로 함초(퉁퉁마디)와 붉나무입니다. 함초는 소금기 많은 갯벌에서 짠 기운을 먹고 살기 때문에 짠맛이 납니다. 소금을 가공한 식물이나 마찬가지여서 몸에 좋은 소금으로 알려졌습니다. 시중에 함초로 만들었다는 함초소금이 있는데, 대부분 소금에 함초 향이나 맛을 약간 섞은 겁니다. 그리고 단풍처럼 붉다 해서 이름 붙여진 붉나무는 열매 표면에 하얗게 소금기가 끼어서 짠맛이 납니다. 소금나무로도 알려져 있습니다.

짠맛이 나지는 않지만, 짠맛과 같은 기운을 갖고 같은 작용을 하는 음식으로 검정콩이 있습니다. 겨울은 왕성하게 활동하는 계절이 아니라서 뭐든지 신중하고 조심스럽게 움직여야 합니다. 일을 벌이기보다는 정리하는 계절이죠. 그런 기운과 맞는 내 몸의 기관은 심장이 아니라 신장입니다. 심장은 활동을 왕성하게 하는 기운을 낸다면 신장은 모으는 기운을 냅니다. 검정콩이 바로 그 신장을 북돋는 음식입니다.

단맛과 통하는 계절은 환절기입니다. 단맛은 다른 맛에 적당히 걸쳐 있어야 맛이 삽니다. 시면서 달고, 쓰긴 한데 단맛이 있고, 매우면서 달달하고, 짜지만 단맛이 받침이 돼야 합니다. 달기만 하거나 단맛이 다른 맛을 압도하면 문제가 생깁니다. 당뇨병 등 각종 성인병의 원인이 되죠. 지나치게 많은 당을 분해하기 위해 인슐린이 과다 분비되고 그것이 지속되면 인슐린 분비 기능에 문제가 생깁니다. 인슐린 분비가 일정치 않아 인슐린이 적게 분비되면 혈액 내 당을 분해 못 해 고혈당이 생기고, 반대로 인슐린이 과다 분비되면 혈액 내 당을 과다 분해해 저혈당쇼크가 올 수 있습니다. 그런데도 요즘엔 맛이라고 하면 무조건 단맛과 등치가 돼 달지 않은 음식이 없을 정도입니다.

신맛, 쓴맛, 단맛, 매운맛, 짠맛 외에 다른 맛이 있습니다. 씹는 맛과 향맛입니다. 씹는 맛을 식감이라고 하고, 음식이 풍기는 냄새를 향맛이라고 말합니다. 향 나는 음식으로 허브 식물이나 향채가 대표적이지만 모든 음식엔 향이 있습니다. 어떻게 보면 앞의 다섯 가지 맛보다 향맛이 음식 맛을 더 좌우하기도 합니다. "스님이 빈대 냄새 나는 고수라는 향채 맛에 빠지면 절에 빈대가 남아나질 않는다"는 말이 있을 정도로 향채 맛은 강렬합니다. 추어탕에 뿌려 먹는 산초가루, 고기에 뿌려 먹는 후춧가루는 또 어떤가요? 이런 향맛은 음식의 나쁜 독을 제거하는 약성이 있지만, 그 자체가 독이기 때문에 지나치면 문제가 될 수 있습니다. 적당히 섞어 먹어야 원재료의 부패를 막고 맛을 살리며 향을 즐길 수 있습니다. 향채는 음식이 잘 상하는 더운 지역에서 많이 애용합니다.

식감도 맛을 좌우합니다. 요즘은 부드러운 음식을 너무들 좋아해서 씹는 맛은 점점 퇴화하는 것 같습니다. 달고 고소한 음식을 추구하는 세태의 영향이라 할 수 있죠. 씹는 맛은 거친 음식이 좋습니다. 거칠면 많이 씹어야 하잖아요. 많이 씹어야 하는 음식은 깊은 맛이 나고 맛이 고르며, 음식물이 대장까지 내려가므로 장 건강에 좋습니다. 반대로 별로 씹지 않아도 쑥쑥 들어가는 고운 음식은 대장까지 내려가기 전에 대부분 소화됩니다. 그러니 성인병이나 만성질환에 잘 노출됩니다. 많이 씹으면 치아 건강에 좋고 뇌 활동에 좋으며 소화에 좋다는 것은 누구나 아는 사실이고요.

이렇게 음식에는 한 가지 맛만 있는 게 아닙니다. 당연히 달고 고소한 음식만 맛있는 먹을거리가 아닙니다. 누구는 달지 않고 시거나 쓰거나 맵거나 짠 음식을 좋아할 수 있습니다. 어느 때는 단 음식이 맛있다가, 다른 날에는 시거나 쓰거나 맵거나 짠 음식이 맛있을 수 있고요.

그러면 무엇이 진짜 맛있는 음식일까요? 누구는 내 몸이 원하는 음식이라고 말합니다. 그런데 꼭 그렇지도 않습니다. 이를테면 저는 꽤 술을 좋아하는데, 그러면 술이 내 몸이 원하는 음식일까요? 몸에 좋은 약은 입에 쓰다는 말을 생각해보면 정반대입니다. 그렇다면 내 몸에 좋은 음식을 어떻게 알 수 있을까요? 이에 대해선 다음 장들에서 자세히 다루겠습니다.

2장
When 언제 먹는 게 좋을까

아침, 점심, 저녁;
언제나 소식

모든 음식은 때가 있습니다. 그리고 그 때는 다양합니다. 아침, 점심, 저녁만 있는 게 아닙니다. 새참도 있고 야식도 있습니다. 때를 확장하면 봄·여름·가을·겨울마다, 세분하면 24절기마다, 음력 명절마다 먹는 음식이 다릅니다. 그뿐 아니라 갓난아기 때, 어릴 때, 사춘기 때, 청년·중년·노년일 때 먹는 음식이 다릅니다. 이 장에서는 언제 먹는 게 좋을지를 아침·점심·저녁과 봄·여름·가을·겨울, 그리고 어릴 때와 늙었을 때로 나누어 살펴보겠습니다.

요즘은 하루 두 끼만 먹는 사람들이 많습니다. 두 끼를 먹든, 세 끼를 먹든 일정한 규칙이 중요하다고 생각합니다. 저는 세 끼를 먹는데 그중 아침 식사를 제일 중시해요. 아침밥이 중요한 까닭은 그

것으로 하루를 시작하기 때문입니다. 자연의 생명들도 아침밥을 챙겨 먹으며 하루를 시작합니다. 아침을 알리는 새의 지저귐은 먹을 거리를 찾아 돌아다니는 행위입니다.

아침 식사 전에 꼭 해야 할 일이 있습니다. 잠이 덜 깬 상태에서 눈곱도 떼지 않은 몸으로 식사하는 건 좋지 않습니다. 되도록 밥 먹기 전에 똥을 눠야 합니다. 아침에 느끼는 배변 욕구는 하루를 깨우는 알람시계와 같습니다. 그래서 건강한 사람은 알람시계가 필요 없죠. 똥을 눌 때는 똥 누는 일에 집중하고 누고 나서는 똥을 잘 살펴봐야 합니다. 모양, 색깔, 냄새까지. 똥은 나의 분신이자 건강의 지표이며 작게는 나의 어제입니다. 어제 무얼 먹었고 어떤 마음으로 지냈는지, 스트레스는 어떠했는지 등이 똥 안에 드리워져 있습니다. 요즘은 죄다 수세식 변기를 써서 자기 똥을 살펴보기 어렵습니다. 반성도 없고 찬찬히 건강을 살펴볼 일도 없어져버렸죠.

똥을 누고 나면 이를 닦습니다. 저는 보통은 밥 먹고 나서 닦지만 자고 일어나서는 먹기 전에 꼭 닦아요. 자는 동안 우리 입 안에 세균이 엄청나게 증식합니다. 이걸 없애지 않고 식사하면 세균이 더욱 늘어날 뿐더러 위장에 세균을 넣어주는 꼴이 됩니다. 당연히 치아나 잇몸에도 좋지 않은 세균이 자리를 차지할 수 있습니다.

아직 밥상에 앉기는 이릅니다. 마지막으로 밥 먹기 전에 할 일은 간단한 운동입니다. 격한 유산소 운동보다는 간단한 기지개 켜기(스트레칭)가 좋습니다. 어릴 때 배운 쬠쬠, 곤지곤지, 도리도리 같은 동작도 좋고 손끝으로 온몸을 톡톡 쳐주어도 좋습니다. 새벽의 찬 바람을 가르며 새벽 운동하는 사람들이 적지 않은데요, 전 조금 걱정이에요. 특히 어르신들이 새벽 찬 공기를 마시며 사시사철 운동하는 모습을 보면 안타깝습니다. 몸은 아직 예열되지 않았는데 자동차 급가속 페달 밟듯이 밀어붙이면 몸의 균형이 깨지고 삿된 기운이 들어와 몸을 망가뜨릴 수 있기 때문입니다.

아침 청소도 좋습니다. 저는 청소까진 못하지만, 이불은 개요. 사람이 일어나면 이불도 일어나야 합니다. 잠자는 동안 이불에는 사람 몸에서 떨어져나온 비듬, 땀, 피부조직의 부스러기 등 다양한 이물질이 묻을 수 있습니다. 이불을 개면서 이것들을 잘 털어내면 좋습니다.

이제 밥상에 앉을 시간입니다. 공동체는 밥상공동체가 기본이고 모든 교육은 밥상머리 교육이 기본입니다. 식구공동체의 아침 안부를 물으며 밥을 뜹니다. 예전에는 멀리 나가 있는 식구의 밥을 밥상에 올려놓고 밥을 먹었습니다. 어릴 때 이해하기 힘들었던 모습의 하나가 집 나간 형님의 밥을 어머니가 꼭 밥상에 올려놓고 식사하던 풍경이에요. 밖에 나가서 굶지 말고 따뜻한 밥 먹으라는 바람이었겠죠.

옛날엔 가족이라는 말보다 식구라는 말을 썼습니다. '가족'은 뭔가 어색했습니다. 가족이란 말에는 혈연공동체가 갖는 폐쇄성이 담겨있습니다. 그러나 식구는 개방적인 공동체입니다. 밥을 함께 먹으면 한 식구가 되죠. 손님도 한 식구일 수 있고 강아지도 한 식구입니다.

어린 시절 밥상에 앉으면 아버지의 밥상머리 교육이 시작됐어요. 이 교육은 거의 종교의식이었습니다. 고마운 마음으로 밥 한 톨 남기지 말고, 씹는 소리 내지 말고, 조용히 맛있게 먹으라는 아버지의 설교를 들어야 했습니다. 반찬 투정은 상상도 못 할 뿐더러 먹기 싫은 음식도 억지로 먹어야 했습니다. 콩나물, 시금치, 도토리묵, 홍당무, 대파, 멸치 등 먹기 싫은 음식이 많았습니다. 그런데 무서운 아버지 때문에 억지로 먹던 음식들이 나이 든 지금은 어찌나 맛있는지, 참으로 다행이 아닐 수 없습니다. 성장기에는 고기나 기름진 음식, 달고 고소하고 찰진 쌀밥이 맛있기 마련입니다. 그러나 늙어서는 성장에 좋은 음식이 아니라 해독에 좋은 음식을 먹어야 몸에 좋습니다. 어릴 때 식습관은 평생 가기 때문에 늙어서도 어릴 때 먹던 음식만 좋아하면 자칫 위험할 수 있습니다.

아버지의 밥상머리 교육 중에서 재밌는 건 팔을 길게 뻗어 멀리 있는 음식을 집지 말라는 거였어요. 맛있는 음식을 탐하지 말라는 뜻이었을 텐데요. 어머니는 맛있는 음식을 죄다 아버지 근처로 차려 놓으셨죠. 그래 놓고서는 멀리 있는 음식을 함부로 집어 먹지 말라니…. 아버지만 맛있는 음식을 잔뜩 드시게 할 요량이었는지 모르겠지만, 아버지는 꼭 음식을 남겨 자식들에게 먹을 기회를 주셨습니다.

그런데도 어린 마음에 아버지의 밥상머리 교육은 참 싫었어요. 그러니 아버지 외박하시는 날은 그저 행복했죠. 용돈이나 많이 주면 좋겠는데 왜 우리 아버지는 그렇게 잔소리를 많이 하셨는지….

초보 농부 시절, 농사를 기도하듯 짓는 동광원이라는 한 기독교 기관을 찾아간 적이 있어요. 아침 일찍 일어나 세수와 산책을 하고 아침 예배에 참석했습니다. 예배실 겸 거실로 쓰는 큰 방에 교회 식구들과 함께 빙 둘러앉았습니다. 차와 과일 몇 조각을 내주면서 목사님은 예배 볼 생각은 안 하고 편하게 이런저런 담소만 나누더군요. 기다리다 못해 제가 물었죠.

"목사님, 예배는 언제 보나요?"

그랬더니 이렇게 말씀하시더라고요.

"이게 예배예요. 어때요? 우리끼리 있을 때는 정식 예배를 보지만, 외부 손님이 오셨을 때는 비종교인이 있을지 모르는데 우리 방식을 강요할 순 없죠. 이렇게 세상 얘기 나누고 담소하는 것도 소중한 예배의 하나라고 생각하지요."

이렇게 밥 먹기 전에 하느님께 감사 기도를 드리는 기독교 의식은 훌륭한 밥상 문화입니다. 밥 한 톨 남기지 않고 깨끗하게 설거지까지 하는 불교의 발우공양은 또 얼마나 성스럽습니까? 이슬람의 라마단 금식과 할랄푸드(Halal Food) 등 대부분 종교에는 밥상의 금기 문화가 많습니다. 그런 점에서 우리 밥상머리 교육도 거의 종교에 가까웠다고 할 수 있습니다.

아침밥은 끼니를 해결한다는 단순한 의미가 아닙니다. 하루의 시작을 알리는 문화적인 행사이며, 밥 한 끼의 소중함과 생명을 이어가는 가치를 공유하는 철학적인 시간입니다.

이제 점심밥에 관해 이야기할 차례입니다. 점심을 마음에 한 점을 찍을 정도로 소식하라는 뜻으로 해석하기도 하는데요, 저는 여기서 말하는 소식을 조금 먹기라기보다 소화 잘되는 음식을 먹는 것으로 해석합니다. 점심은 먹고 난 뒤 일해야 해서 배불리 먹을 시간이 부족하고, 일하는 현장에서 먹다보니 집에서처럼 편하게 많이 먹을 수가 없습니다. 배부르면 졸립고 일하기 힘들기도 하고요. 빨리 소화되는 음식 위주로 먹든가 조금 먹든가 해야 합니다. 그래서 저는 간단히 밀가루 음식이나 보리밥을 먹었어요. 특히 집에서 싸 온 도시락을 즐겨 먹었습니다.

제 학창 시절에는 친구들과 도시락을 나눠 먹는 문화가 있었어요. 집이 부자인 아이는 고기 음식을 빼앗길까 봐 혼자 열심히 먹기도 했지만, 대개는 친구들과 나눠 먹었습니다. 어릴 때 도시락을 싸오기 힘들 만큼 집이 가난한 친구가 있었어요. 그 친구 서랍에는 늘

포크 하나가 있었습니다. 점심때가 되면 침으로 그 포크를 쓱 씻은 뒤 친구들 도시락을 뺏어 먹으러 다녔죠. 우습게도 그 아이가 제일 맛있게 점심을 해결했습니다. 성격이 얼마나 좋은지 누구나 친구가 됐습니다. 사회에 나가서도 열심히 살아 제법 남 못지않게 잘살고 있습니다. 이렇게 도시락을 나눠 먹으면 나도 모르게 집마다 다른 음식을 골고루 먹게 됩니다. 그러면 음식뿐 아니라 그 음식을 만들어 먹는 친구 집의 개성까지 공유하게 되죠. 도시락을 먹으면 건강과 성격이 고르게 균형 잡힐 수 있다고 말할 수 있습니다.

이런 점심 문화가 사라져서 아쉽습니다. 물론 도시락 싸기 어려운 부모님이 계시고, 도시락을 못 싸 오는 아이들이 있어 급식 제도가 필요했을 수 있습니다. 그렇다고 밥상공동체가 만든 도시락 문화를 없앤 건 아무리 생각해도 소탐대실 같습니다. 온 식구가 함께 협조해 도시락 밥상공동체를 이어갈 수는 없었을까, 도시락 못 싸 오는 아이도 함께하는 방법을 찾을 수는 없었을까 하는 아쉬움이 남습니다.

아침밥은 아침이라 간단히 먹고 점심은 마음에 점 찍을 정도로만 먹어야 하니 저녁에 비로소 푸짐하게 먹을 수 있을까요? 아닙니다. 저녁도 소식할수록 좋습니다. 잠들기 전에 충분히 소화를 시키고 잠을 자야 숙면할 수 있고, 숙면해야 몸이 제대로 재충전됩니다. 과식하거나 늦은 시간에 먹고 잠자리에 들면 소화되지 못해 쌓인 양분이 몸에 독으로 남을 가능성이 큽니다. 장에 몰려있는 면역세포는 몸 전체의 면역력을 높이는 데 힘써야 하는데, 소화되지 않은 음식물 처리에 에너지를 소모하니 문제가 됩니다. 저녁 식사에서 다음 날 아침 식사까지 최소 12시간 간격을 두면 건강에 좋다고 합니다. 말하자면 12시간 단식인데, 이를 생활화하면 간헐적 단식 효과가 있다는 거죠.

소식은 건강의 핵심 비결입니다. 소식하는 사람이 오래 산다는 사실은 잘 알려져 있습니다. 그런데 도 닦는 수행자도 아니고 먹는 재미마저 없으면 삶이 참으로 무미건조할 것 같습니다. 그렇다면 언제 맛있는 음식을 맘껏 먹을 수 있을까요? 우리 조상은 음력 명절 때나 돼야 식구들과 함께 비로소 맛있는 음식을 먹었습니다. 먼저 조상에게 음식을 바치고 나서 먹었는데, 죽은 조상이 뭘 먹을 수 있겠어요? 차례는 의례일 뿐 제사음식도 조상의 은덕임에 감사하며 식구들과 나눠 먹는 것이 중요했을 겁니다. 요즘으로 하면 주말과 휴일에 편하게 쉬면서 맛있는 음식을 식구와 나눠 먹는 것이라 할 수 있습니다.

봄;
봄나물을 먹을 때

옛날식 짜장면이 한때 인기였습니다. 그때 오랫동안 중국집을 운영하던 주방장이 말하길, 옛날 짜장면은 실제로 그렇지 않았다고 합니다. 요즘처럼 사시사철 양파를 잔뜩 집어넣어 만드는 짜장면은 맛있긴 해도 옛날식과 다르다는 거죠. 옛날엔 양파가 흔치 않았고 겨울엔 채소라고 해봐야 무말랭이뿐이어서 겨울 짜장면엔 무말랭이투성이였습니다. 겨울에도 잔뜩 양파를 넣은 요즘 짜장면을 옛날식이라 할 수는 없다는 말입니다. 말하자면 옛날 짜장면은 철마다 들어가는 채소가 달랐다는 겁니다.

여기서 대표적인 제철 음식을 몇 가지 살펴볼까요? 먼저 봄부터 단오까지 먹던 들나물과 산나물입니다. 봄나물은 빠르면 입춘(2

월 4일쯤), 늦어도 춘분(3월 21일 무렵)부터 먹기 시작합니다. 입하(5월 5일쯤) 또는 소만(5월 21일 무렵), 음력으로는 5월 5일 단오까지 못 먹는 풀이 없습니다. 이 시기엔 독초도 순해서 먹을 수 있다고 했습니다. 그렇다고 독초를 먹으란 얘기는 아니니 오해 없으시길….

우리는 참으로 풀을 많이 먹습니다. 생으로 먹고, 데쳐서 먹고, 김치나 짠지, 장아찌처럼 발효시켜서 먹고, 무말랭이나 묵나물처럼 말려서 먹습니다. 사시사철 풀을 먹지만 봄에 상대적으로 많이 먹다 보니 봄을 대표하는 음식이 되었습니다. 심지어는 봄에 먹는 나물 중에 독초가 있을 정도입니다. 고사리와 아주까리(피마자)가 대표적입니다. 소가 먹는 풀이면 사람이 먹어도 탈이 없다고 했는데 고사리는 소도 먹지 않습니다. 고사리에는 프타퀼로사이드(Ptaquiloside)라는 독성물질이자 발암물질이 들어있어 생으로 먹으면 절대 안 됩니다. 아주까리 또한 독초로 분류되는데 우리는 먹죠. 아주까리에는 리친(Ricin)이라는 독성물질이 있으며, 그 씨앗에는 아주 많습니다. 그러면 어떻게 먹을까요? 푹 삶아서 1차로 독을 빼내고 뜨거운 햇볕에 말려서 2차로 독을 빼냅니다. '묵나물'이라고 부르는 건조한 나물로 만들어 먹는 겁니다.

예전에는 봄에서 초여름까지 먹을 게 많지 않았습니다. 특히 늦봄에서 초여름, 이른바 보릿고개에는 진짜로 식량이 없었습니다. 초근목피(草根木皮)라는 말 그대로였죠. 지난가을에 수확해 둔 곡식은 다 떨어지고 보리는 수확하려면 최소 한 달은 남은 철을 보릿고개라고 불렀습니다. 저는 이 보릿고개를 흔히 말하는 '굶는 고개'가 아니라 '풀 먹는 고개'로 해석하는데요, 먹을거리가 풀밖에 없어서라기보다 풀이 이 시기를 대표하는 먹을거리라는 뜻에서 그렇습니다. 한마디로 제철 음식이라는 말입니다. 냉이, 광대나물, 민들레, 지칭개, 씀바귀, 고들빼기, 수영, 뽀리뱅이, 망초, 돌나물, 곤드레, 달래, 쑥, 두릅, 엄나무, 화살나무, 참죽나물, 참취, 곰취, 미역취, 우산나물, 부지깽이, 전호, 명이, 눈개승마, 부추, 어수리 등 참으로 많습니다. 이 풀들은 지난겨울 우리 몸에 부족했던 미네랄, 단백질, 비타민을 보충하고 다가올 무더운 여름을 대비하는 음식이었습니다.

여름이 오기 전에 배불리 먹으면 좋지 않습니다. 많이 먹으면 더운 여름을 나기 힘듭니다. 열대 지방 더운 나라를 가보면 사람들 대부분이 호리호리한 체형입니다. 배 나오고 뚱뚱하면 열대의 더위를 버틸 수가 없어서죠. 반면 추운 북위도 지방의 나라에 가보면 배 나온 뚱뚱한 사람이 많습니다. 하다못해 참새도 뚱뚱합니다. 뚱뚱해야 춥고 긴 겨울을 버틸 수 있어서입니다. 사계절이 뚜렷한 우리나라에 이 원리를 적용하면 여름엔 호리호리하게 곧 거지처럼, 겨울엔 뚱뚱하게 곧 돼지처럼 보내야 좋습니다. 그래서 추운 겨울밤에 "찹쌀떠억~메미일~묵" 하며 찹쌀떡 장수가 돌아다녔던 겁니다. 반면 더운 한여름 밤에 찹쌀떡 장수는 볼 수 없었습니다. 찹쌀은 살

찌기 좋고 소화가 오래 걸리는 음식이거든요.

　그런데 왜 우리는 풀을 많이 먹을 기회를 굶는 고개로 생각하고 힘들게 보릿고개를 넘어야 했을까요? 일제강점기, 한국전쟁, 산업화 시기를 거치며 왜곡된 먹을거리 문화가 퍼졌기 때문이 아닌가 생각합니다. 보릿고개를 배고프지 않게, 오히려 몸보신하며 넘는 지혜가 그때 사라졌을 수 있습니다. 그 얘기를 잠깐 하겠습니다.

　우리는 쌀을 좋아한 민족이지만 한반도는 벼농사가 잘되는 지역이 아니었습니다. 추운 겨울 때문에 열대 나라처럼 이모작 벼농사가 안 됐습니다. 게다가 흙에 돌이 많아서 저수 능력이 떨어지고 가뭄을 많이 탔죠. 비는 한여름 장마철에 대부분 쏟아지니 물이 저장될 틈도 없이 넘쳐흐르고 그마저도 흙을 싣고 떠내려가니 토양에는 돌이 더 많아집니다. 일모작밖에 못 하고 가뭄도 심한 땅이라 논농사가 쉽지 않아 밭이 더 많았습니다.

　밭에는 채소보다 곡식을 더 많이 심었습니다. 가뭄에 약한 채소를 많이 심을 수가 없으니 상대적으로 가뭄에 강한 곡식을 심을 수밖에 없었습니다. 채소는 집에서 가까워 물 주기 쉬운 텃밭에나 심을 수 있었습니다. 우리 채소를 들에 심는 채소, 즉 야채(野菜)라고 정의할 수 없는 이유입니다. 야채는 가물지 않고 비도 한꺼번에 쏟아지지 않아 들녘에 많이 심을 수 있는 채소를 가리키는 일본식 말입니다. 따라서 우리 주식은 쌀도 아니고 채소도 아닌 밭에 심은 잡곡이었습니다. 요즘처럼 쌀만, 그것도 백미만 먹은 게 아니라 콩, 조, 기장, 보리, 수수, 귀리, 피, 율무 등을 쌀에 섞어 먹었습니다.

그런데 일제강점기를 거치며 일제에 의해 '백미주의'가 퍼졌습니다. 일제는 농지를 강제로 개발해 논과 밭의 면적을 비슷하게 만들었습니다. 그러자 쌀 생산량이 늘어났고 백미가 주식이 되었습니다. 그렇게 밥을 백미로 축소하고 단순화하면서 배고프게 되었다는 게 제 생각입니다.

백미는 도정 과정에서 생기는 쌀겨를 따라 비타민과 미네랄이 버려집니다. 그만큼 포만감과 영양이 줄어들죠. 이를 보완하려면 반찬을 늘려야 합니다. 특히 백미는 맛이 밋밋해서 맛있는 음식, 곧 기름진 음식으로 맛과 영양을 보충해야 합니다. 일제강점기와 한국전쟁을 거치며 소위 '이팝에 고깃국'이 온 국민의 로망 밥상이 되었습니다. 게다가 산업화 시기를 거치며 밥상이 서양화돼 고기와 밀가루 음식, 가공 음식이 늘어났죠. 이제 풀은 어떻게 먹어야 할 줄 모르는 음식, 가난한 밥상의 대명사처럼 돼버렸습니다. 그러면서 보릿고개는 굶는 고개가 되었을 겁니다.

여름;
보리밥과 보양식을 먹을 때

여름을 대표하는 음식은 보리밥입니다. 겨울을 대표하는 음식인 찰밥과 대조되죠. 여름엔 보리밥처럼 빨리빨리 소화되는 음식을 먹어야 하고 겨울엔 찰밥처럼 천천히 소화되는 음식을 먹어야 합니다. 그래야 여름의 더위를 버티고 겨울의 추위를 이길 수 있습니다.

보리밥과 견줄 수 있는 밥이 알랑미(안남미)밥입니다. 이른바 훅 불면 날아다닌다는 밥이죠. 알랑미는 정확히 말하면 베트남을 뜻하는 안남(安南)의 쌀, 학명으로는 인디카(Indica)입니다. 반면 우리가 먹는 쌀은 자포니카(Japonica)라 해서 찰지고 기름집니다. 세계적으로 알랑미가 전체의 90퍼센트 이상을 차지합니다. 자포니카는 우리나라와 일본, 중국 일부에서만 먹습니다. 우리가 먹는다고 해서 세계적으로 그 쌀을 먹는다고 생각하면 착각입니다.

보리와 함께 알랑미는 가난한 사람이 먹는 후진 쌀의 대명사였습니다. 알랑미는 우리 토종 벼에도 있었습니다. 일부 따뜻한 남쪽 지방에서 재배했던 것 같습니다. 우리나라 사람들이 본격적으로 알랑미를 먹기 시작한 것은 조선말부터였고 일제강점기 초에 많이 퍼졌습니다. 당시 농민들은 일본으로 강제 공출하고 남은 소량의 쌀을 팔아서, 싼값에 수입한 알랑미와 만주 산 좁쌀을 사 먹어야 했습니다. 알랑미는 퍼석퍼석하고 끈기가 없어 기름지고 찰진 쌀을 좋아하는 우리 입맛에 맞지 않은 데다 낯선 향 때문에 더욱 맛없는 쌀로 취급받았습니다. 게다가 먹으면 금방 소화돼서 늘 배가 고팠죠. 소화가 잘되니 방귀도 잘 나와 알랑미 먹고 뀐 방귀가 '알랑방귀'라는 말이 있을 정도입니다. 알랑방귀는 저자세 아첨의 대명사인데요, 일본 지주에게 맛없는 알랑미라도 얻어먹으려고 허리 굽혀 살살 흔드는 엉덩이에서 절로 나오는 방귀가 그 유래라는 설입니다.

알랑미와 관련 있는 유명한 쌀은 통일벼입니다. 보릿고개를 해결한 쌀로 유명한 통일벼는 알랑미와 자포니카를 교잡해 만들었습니다. 원래 세계 최고의 쌀 생산국은 필리핀이었습니다. 따뜻한 지역이라 일 년에 삼모작이 가능했고, 벼 종자를 제일 많이 보유한 세계적인 쌀 연구소가 있는 나라였습니다. 당시 박정희 대통령은 "배주리는 국민이 하얀 쌀밥을 풍족하게 먹도록 해주겠다"고 말했고,

농촌진흥청은 필리핀의 도움을 받아 종자를 개발했습니다. 그게 통일벼입니다. 통일벼의 수확량은 대단했습니다. 300평(1,000제곱미터, 10아르, 1단보)당 500킬로그램을 수확했으니 보통 150~200킬로그램 수확하던 재래 벼에 비해 두세 배가 넘는 양이었습니다. 기적의 쌀이라 불릴 만했죠. 그러자 사람들은 박정희 대통령이 국민을 굶주림에서 구했다고 추켜세웠습니다.

그런데 통일벼는 현장 농민들에게 환영받지 못했습니다. 일찍 심어야 해서 보리와 이모작을 할 수 없었거든요. 6월의 하지 절기 앞뒤로 모를 내던 토종 벼는 보리 수확 후 모내기할 수 있으나, 통일벼는 그보다 한 달이나 한 달 반쯤 일찍 모를 내야 해서 보리 수확 후 심을 수가 없었습니다. 아무리 쌀밥이 좋다고 해도 보리밥 없는 밥상은 말이 되질 않았죠. 여름엔 보리밥을 먹어줘야 했거든요. 게다가 귀한 땅을 겨우내 놀리는 상황도 받아들이기 힘들었습니다.

보리밥은 풀밥과 함께 가난한 밥상의 상징이었습니다. 가난해서 먹는다기보다 부자들이 하얀 쌀밥을 먹으니까 상대적으로 가난한 밥으로 대접받았습니다. 조선의 영조 임금은 여름이면 점심으로 보리밥을 먹었는데, 아마 그 덕분에 제일 오래 산 임금이 되었을 겁니다. 추울 때나 어울리는 하얀 쌀밥을 철을 가리지 않고 먹었던 어느 임금과 달리 영조는 철을 가려 더울 때 어울리는 보리밥을 즐겨 먹으며 몸의 균형을 지켰으니 장수할 수 있었을 겁니다. 가난하고 무지한 백성들이나 먹는 보리밥을 영조는 어떻게 먹게 되었을까요? 제 추측엔 백성 출신인 무수리 어머니에게서 배웠을 겁니다. 이미 백성들은 보리밥이 가난한 밥이 아닌 건강한 밥이란 걸 알고 있지 않았을까요?

보리밥은 사시사철 아무 때나 먹는 것보다 여름에 점심으로 먹을 때 건강한 밥이 됩니다. 추운 겨울을 나면서 자라 차고 시원한 음식인 보리밥이 더울 때는 제격인 셈이죠. 여름이 지나 찬 바람 불 때까지 먹는 보리밥은 건강에 좋지 않습니다. 또한 점심은 하루 중 제일 따뜻할 때이고 밥 먹고 곧 일해야 하니 빨리 소화되는 보리밥이 제격입니다. 그런데 지금은 보리밥이 당뇨, 고혈압 등 성인병에 좋다고 해서 철을 무시하고 아무 때나 먹어도 되는 음식이 돼버렸습니다. 참으로 철을 잊어버린 철부지 같은 생각이 아닐 수 없습니다.

이제 여름에 먹는 고기 이야기로 넘어가겠습니다. 한여름 음식으로 개고기가 있었습니다. 복날 더위에 떨어진 기운을 북돋기 위해 먹는 보양식이었죠. 왜 우리 조상은 소고기나 돼지고기가 아닌 개고기를 먹었을까요? 먼저, 왜 복날에 고기를 먹었는지 살펴보겠습니다.

복날 할 때 '숨을 복(伏)' 자는 하늘에서 일찍 내려온 가을이 땅에 도사리고 있는 여름 더위를 피해 숨는다는 뜻입니다. 24절기 가운데 한여름의 절정인 하지가 지나면 해가 짧아지니 태양으로선 가을로 접어든 셈입니다. 그런데 하지 이전의 지면에서 달궈진 복사열이 한참 열을 낼 때라 가을 기운이 맥을 못 추죠. 그게 복더위입니다.

이 복더위를 좋아하는 놈이 있으니 바로 벼입니다. 벼는 복날에 나이를 한 살씩 먹는다고 할 정도입니다. 하지 전에 모를 내면 벼가 뜨거운 여름 기운을 받아 쑥쑥 자랍니다. 초복쯤에는 땅 밑, 그러니까 줄기 바로 밑에서 어린 이삭(유수, 幼穗)이 맺힙니다. 이삭은 중복 때 한창 자라고 말복 지나면 더 힘내서 자라다가 처서쯤 출수합니다. 문제는 복날 이렇게 쑥쑥 자라는 벼 바로 옆에서 '피'라는 놈이 따라 올라온다는 겁니다. 피는 '볏과 잡초'로 벼와 너무 비슷하게 생겨서 초보자는 구별할 수가 없습니다. 제초제가 없던 옛날엔 직접 사람이 논에 들어가 손으로 뽑는 수밖에 없었습니다. 이를 피사리라 하죠. 피가 벼에 바싹 붙어 올라오니 밝은 날 해야 하고 뙤약볕 아래일해야 할 때가 많아 피사리하다가 더위를 쉽게 먹었습니다. 더위를 먹으면 기운이 떨어지죠. 기운을 북돋기 위해선 고기가 최고인데 복날 먹을 수 있는 고기는 개고기와 닭고기뿐이었습니다.

한여름 돼지고기는 잘해야 본전이라 했습니다. 먹고 탈이 나지 않으면 다행이란 이야기죠. 아마 잘 상하는 음식이기 때문일 겁니다. 한의학에서는 돼지고기를 찬 음식으로 분류합니다. 온도가 찬게 아니라 기운이 음(陰)한 음식이라는 뜻입니다. 여름에는 달궈진몸을 조절하기 위해 배 속이 차가워집니다. 차가워진 배 속에 찬 음식을 집어넣으면 탈 나기 십상이겠죠.

복날 소고기는 독 때문에 노린내가 많이 났습니다. 여름에 소가 먹을 것은 파랗게 살아있는 풀뿐이었습니다. 생풀엔 질소질 성분이 많죠. 이 질소질이 지나치면 질산칼륨(KNO_3)이라는 독으로 변합니다. 청산가리만큼 위험한 독입니다. 요즘에는 곡물로 만든 사료를 사계절 먹여서 소고기에 노린내가 나지 않습니다.

한번은 아프리카 적도에 있는 우간다 오지에 간 적이 있어요. 인분으로 거름 만들기를 알려주기 위해서였죠. 먼 곳에서 귀한 손님 왔다고 정성껏 점심을 대접하는데 염소고기 백숙에 감자 한 알, 하얀 밥 한 덩이를 접시에 담아 주더라고요. 그들에게 쌀밥은 아주 귀해서 손님에게나 대접하는 음식이었고, 염소고기 또한 당연히 쌀밥 이상 가는 귀한 음식이었습니다. 그런데 아무 양념이 들어가지 않은 데다 생풀만 먹여 키운 염소고기라 노린내가 얼마나 나는지 먹기가 힘들었어요. 하지만 정성을 무시할 수 없어서 냄새를 맡지 않으려고 단숨에 먹어 치웠죠. 그랬더니 이렇게 맛있게 먹는 사람 처음 본다며 더 주려는 것을 손짓으로 배부르다고 사양하며 난감한 상황에서 겨우 벗어났습니다. 아무튼 한여름 생풀만 먹고 키운 가축의 고기는 조심해야 합니다.

그러면 왜 개고기와 닭고기는 괜찮다고 여겼을까요? 우선 개는 사람이 먹는 음식을 먹습니다. 사람처럼 잡식이죠. 그래서 가난한 백성은 개를 키우기가 쉽지 않았고, 백성들이 잡아먹기 위해 키우는 개에게는 사람 똥을 먹였습니다. 사람은 동물보다 소화 흡수력이 약해 똥에 양분을 많이 남깁니다. 그만큼 먹을 게 있죠. 잡아먹을 개는 이름 있는 순종보다 잡종이 많고, 키우며 정들까 봐 이름을 붙여주지 않아서 흔히 '똥개'라고 불렸습니다.

서양에서는 귀족이나 영주가 개를 키웠습니다. 서양의 개는 귀족이나 영주가 육종해서 사냥개, 목양견(양치기 개), 반려견 등 다양한 종자를 발달시켰습니다. 반려견만 봐도 육종해서 만든 종류가 얼마나 많습니까? 반면 백성들은 곡식을 강탈하는 쥐를 잡기 위해 고양이를 키웠습니다. 고양이는 따로 밥을 주지 않아도 쥐나 새 따위를 잡아먹으며 알아서 끼니를 해결하니 키우기가 수월했습니다.

닭도 개와 비슷합니다. 닭은 조류로서 잡식성 동물입니다. 벌레도 먹고 곡식도 먹고 풀도 먹죠. 집 안마당을 돌며 지네, 파리 구더기, 흙 속의 다양한 벌레를 잡아먹으니 집을 지키는 훌륭한 파수꾼입니다. 똥으로 거름도 제공하고요. 그뿐만 아니라 살아서는 달걀을 주고 죽어서는 고기를 줍니다. 아침이면 잠 깨우는 알람시계 역할도 합니다. 참으로 소중한 가축입니다. 닭은 개와 마찬가지로 한여름 보양식으로 훌륭한 고기였습니다.

복더위에 기운 빼며 피사리한 머슴들에게는 몸보신으로 개나 닭을 먹이고 지주는 시원한 마루나 정자에서 소고기나 돼지고기를 먹었습니다. 누가 더 몸에 좋은 음식을 먹었는지는 모를 일입니다만.

여기서 반려동물과 가축의 차이를 잠깐 짚고 넘어가겠습니다. 우리에게 일꾼이자 식구였던 소를 서양에서는 밥처럼 즐겨 먹었습니다. 물론 우리도 지주나 양반은 소고기를 먹었지만, 백성들에게 소는 반려동물이자 경제활동의 주역이며 식구였습니다. 한때 큰 반향을 일으킨 다큐멘터리 독립영화 〈워낭소리〉(이충열, 2008년)를 보면 평생을 함께 살아 온 소가 죽자 사람처럼 땅에 묻어주는 장면이 나옵니다.

유명 소설 《대지》의 작가 펄 벅(Pearl Buck)이 우리나라에 왔을 때 일화가 생각나네요. 펄 벅은 해 질 녘 소에게 먹일 꼴을 구부정한 허리 지게에 싣고 가는 농부를 봤습니다. 소 등짝에 싣지 않은 모습이 의아해 물으니 농부가 이렇게 답했습니다.

"종일 힘들게 일한 소에게 어떻게 메고 가게 합니까? 미안하게…."

그 장면 하나로 펄 벅은 우리나라를 다 봤다고 말했습니다.

서양 귀족들은 개를 귀하게 키웠습니다. 그리고 유목(목축) 민족에게 개는 양을 치고 사냥을 하는 식구이자 인생의 동반자였습니다. 그러니 어찌 반려자를 잡아먹겠어요? 반면 우리에게 개는 귀한 가축이 아니었습니다. 도둑도 없는 공동체 마을에서 쓸데없이 짖어대기나 해서 이웃과 불편하게 만드는 가축이었죠. 그래서 우리는 욕할 때 꼭 앞에 '개' 자를 붙입니다. -판, -놈….

　　물론 저는 개고기 식용론자가 아니에요. 다만 우리 조상의 개 식용을 그 시대의 문화로 이해해보려는 취지입니다. 이제 반려동물 키우기가 문화로 정착한 상황에서 육식 문화는 재조명돼야 합니다. 나아가 과도해진 육식 문화를 성찰해야 하는 시점이죠. 고기를 밥처럼 먹지 말라고 했던 조상의 말씀을 다시 한번 생각해야 합니다.

가을;
쌀밥과 과채류를 먹을 때

가을엔 무엇을 먹어야 할까요? 일단 여름에 먹는 보리밥을 가을이 되도록 먹으면 좋지 않습니다. 입추는 가을의 시작이지만 더위가 아직 한창입니다. 입추 다음인 처서가 지나야 찬 기운이 돕니다. 그렇지만 여전히 여름 기운이 완전히 물러갈 기세는 아닙니다. 절기가 아닌, 음력 명절인 추석이 돼야 가을다운 찬 기운이 돕니다. 옛말에 추석이 지나도록 보리밥을 먹으면 몸에 탈이 난다고 했습니다. 가을이 되면 보리밥이 아닌 따뜻한 쌀밥을 먹기 시작해야 한다는 이야기죠. 바로 올벼를 말합니다. 올벼는 제철보다 일찍 익는 벼입니다. 양력으로 9월 초·중순이면 수확할 수 있습니다. 이제 따뜻한 쌀밥으로 가을의 찬 기운을 대비해야 합니다.

가을을 천고마비의 계절이라 했습니다. 여름 전에는 풀밥으로 다이어트 하듯 먹어 식중독과 더위를 예방했다면, 이제 따뜻하고 맛있는 음식으로 찬 기운이 도는 가을과 곧 다가올 추운 겨울을 대비해야 합니다. 영양이 풍부한 음식을 먹어야 하는 때가 온 겁니다. 가을이 되면 논의 올벼는 물론이고 영양 많은 먹을거리가 밭에 주렁주렁 열립니다. 호박, 오이, 가지, 고추 등 과일채소가 한창이죠.

요즘엔 이런 과일채소가 여름 장마가 오기도 전에 열립니다. 육종해서 빨리 열리게 만들기 때문입니다. 장마와 무더위가 찾아오는 여름에 과채류 채소들은 많은 병충해에 시달립니다. 고추에 탄저병, 오이에 노균병 등 이름도 다 파악하기 힘들죠. 무덥고 습한 날씨에 병균과 해충이 제 세상 만난 듯 극성이니 이때를 피해야 합니다. 오랜 세월 이런 환경에서 재배되어 온 토종 종자는 이런 날씨에 적응한 종자입니다. 그래서 토종 종자는 한여름 병해충이 들끓는 장마 기간에 열매를 맺지 않습니다. 기다렸다가 장마 끝나고 나서 본격적으로 열매를 맺죠.

한번은 대화초라는 강원도 평창군 대화면의 재래종 고추씨를 후배 농부에게 몇 알 줬어요. 저는 모종을 키우지(육묘) 않고 씨를 직접 밭에 파종(직파)했지만, 후배에겐 씨를 많이 주지 못해 씨가 적게 드는 모종을 키워 심으라 했죠. 그랬더니 여름 되기 직전 그 후배한테 전화가 왔어요.

"형님이 주신 고추가 적당히 컸는데 왜 꽃도 피지 않고 열매도 맺질 않죠? 다른 일반 고추는 막 열매 맺고 있는데요. 혹 내게 불임 고추를 준 거 아뇨?"

일반 고추는 양력 5월 초쯤 본밭에 한 뼘 정도 되는 모종을 심는 데 비해 토종 고추는 양력 4월 중순 지나 직파합니다. 따라서 여름 직전이면 몸체가 한 뼘 정도 되는 일반 고추와 달리 토종 고추는 겨우 싹을 틔웁니다. 물론 토종 고추도 일찍 모종을 키워 심으면 몸체는 일반 고추만큼 자랍니다. 다만 꽃과 열매를 늦게 맺는 유전자 속성이 남아 있어 후배가 키운 모종은 몸체가 다 컸는데도 아직 꽃을 피우지 않은 것 같았습니다.

조선호박이나 토종 오이도 마찬가지입니다. 특히 조선호박은 풀보다 성장세가 엄청납니다. 빨리 몸체를 키우고 주변을 장악해 풀을 상대로 햇빛 경쟁력을 확보합니다. 그런데 주변을 장악하기도 전에 먼저 열매를 맺으면 일찍 익은 꼴이라 체력이 약하고 햇빛 경쟁력을 확보하기 힘듭니다. 또 장마가 들이닥치면 왕성해지는 병해충의 공격을 막아내기 힘들죠. 이렇게 육종해서 빨리 열린 열매는 뭔가 외부의 도움이 필요한데, 바로 화학약품인 제초제와 농약입니다. 말하자면 본래의 경쟁력, 곧 고유한 생명력을 잃은 작물에 인위적인 약품을 줘서 생명력을 유지하는 겁니다. 사람은 그 작물을 먹고 간접적으로 화학약품의 피해를 보고요.

토종 과채류는 늦여름을 보내고 가을을 맞이하는 음식입니다. 그때를 일러주는 명절이 바로 백중날입니다. 추석보다 한 달 이른 음력 7월 15일이죠. 양력 절기로는 처서와 백로 근방에 백중날이 듭니다. 처서 지나면 벼 이삭이 패니 논농사를 담당한 남자들이 잠깐 쉬는 농한기입니다. 옛날엔 백중날을 머슴들이 마지막 논 피사리 하고 쉰다고 해서 '머슴생일', 논풀 맨 호미를 씻어 벽에 걸어둔다고 해서 '호미씻이'라고 했습니다. 절기로 백로가 되면 며느리 친정집 간다고 해서 여자들도 잠깐의 늦여름, 초가을 농한기를 즐겼습니다. 농한기에 과채류가 본격적으로 열매를 맺기 시작하니 먹을 것이 많아 명절(축제)을 즐기기에 딱 좋았죠. 바다에선 '집 나간 며느리도 굽는 냄새에 돌아온다'는 전어가 한창입니다. 며느리 친정집 간 사이에 전어를 구워 먹고 전어 굽는 냄새에 며느리가 돌아오길 바란 걸까요, 아니면 며느리 보내놓고 자기들끼리 즐겨 먹은 걸까요?

백중날과 추석으로 시작한 가을부터는 쌀밥과 과채류 등을 풍성하게 먹어주어야 합니다. 사과, 배 등 나무 과일도 맘껏 먹는 철이고요. 여름은 가난하게 지냈지만, 가을부터는 추운 겨울을 대비해 배부르게 먹어주어야 합니다.

겨울;
이팝에 고깃국을 먹을 때

마지막으로 겨울엔 무엇을 먹어야 할지 살펴보겠습니다. 본격적인 겨울을 알리는 절기인 동지엔 팥죽을 끓여 먹습니다. 팥과 찹쌀은 대표적인 겨울 음식입니다. 동지에는 애동지, 중동지, 노동지가 있습니다. 동지는 음력으로 11월에 듭니다. 애동지는 음력 11월 초에 들고, 중동지는 중순에 들며, 노동지는 하순에 들죠. 노동지는 대체로 춥습니다. 동지가 추우면 소한, 대한 추위가 제대로 옵니다. 말하자면 동지 추위는 겨울이 춥다는 신호인 셈입니다. 반면 애동지는 춥지 않습니다. 음력 11월 초이니 어떻게 보면 아직 추위가 오기엔 이른 때입니다. 그래서 애동지가 들면 소한, 대한 추위가 별로 매섭지 않습니다.

춥지 않은 애동지에는 팥죽을 먹지 않고 팥밥을 먹습니다. 팥도 팥이지만 죽이 잘 상하기 때문입니다. 죽은 잘 상하지만 몸을 데워주는 따뜻한 먹을거리입니다. 따라서 상할 염려가 없고 몸을 데워줄 죽이 필요한 때는 바로 노동지입니다.

겨울엔 몸을 따뜻하게 하고 기운을 북돋을 보양식을 먹을수록 좋습니다. 이팝에 고깃국이 이제야 제격이죠. 원래 우리는 고기보다 곡식과 채소를 많이 먹었지만, 그래도 소고기를 먹는다면 겨울에 먹었습니다. 여름 생풀 먹여 키운 소고기엔 노린내 독이 있지만 겨울 볏짚과 콩깍지를 먹인 소고기는 순하고 맛이 좋았거든요.

제 어릴 적 겨울에 먹을 수 있는 채소는 김치와 짠지, 그리고 묵나물뿐이었어요. 추우니 당연히 생채소, 요즘으로 치면 서양식 샐러드는 구경도 할 수 없었죠. 그 시절을 떠올려보면 겨울 밥상에는 온통 김장김치 종류뿐이었습니다. 배추김치만 있는 요즘과는 아주 달랐습니다. 김장김치 담그기 전에 해 먹는 총각김치와 김장 전이나 후에 담그는 동치미, 설에 해 먹는 나박김치가 있었어요. 또 김치로 해 먹는 요리도 많았습니다. 김치찌개에서부터 김치볶음, 김치전까지. 김치만두는 또 얼마나 맛있었습니까?

겨울이 지나 봄이 와도 또 김치뿐. 아주 많이 묵어 군내 나는 김치를 빨아서 갖은양념과 참기름에 무쳐 먹으면 입맛 떨어진 나른한 봄에 그런 밥도둑이 없었죠. 묵은김치가 지겨울 때 밭에 나가 겨울을 난 봄동을 뜯어 겉절이를 해 먹으면 입맛이 살아났습니다. 겨울을 난 쪽파로 담근 파김치를 먹으면 파 향이 한가득 파고들어 먹고 나서도 한동안 입안이 즐거웠고요. 남의 입에서 나는 파 향은 그리 반갑지 않았지만요.

겨울의 마지막 대미를 장식하는 건 음력 대보름 음식입니다. 겨우내 추운 햇볕에 말린 각종 묵나물과 시래기, 그리고 오곡 찰밥과 견과류는 설날에 먹은 기름진 음식으로 불편해진 속을 다스리기에 적당했습니다. 대보름은 봄을 재촉하기에 좋은 날입니다. 농사철의 시작을 알려주거든요. 집 나간 자식이 부득이한 사정으로 음력 정월에 집에 들어오진 못해도 반드시 정월 대보름엔 들어온다고 했습니다. 정월은 농사를 시작하기에 아직 이르지만, 대보름은 농사 시작을 미룰 수 없는 철이기 때문입니다. 시래기 등 묵나물과 오곡 찰밥으로 배 속을 채워 힘을 내고 땅콩과 호두로 기운을 맑게 하니 바야흐로 농사철인 봄이 다가옵니다.

어릴 때와 늙었을 때 먹는 음식

앞에서 어릴 때 먹던 음식이 평생 내 입맛을 좌우하고 그게 제일 맛있는 음식이라고 말했습니다. 그렇다고 어릴 때 먹던 음식을 평생 먹는 게 좋다는 말은 아닙니다. 어릴 때, 어른일 때, 그리고 늙었을 때 먹는 음식은 달라야 하고 다를 수밖에 없습니다. 어릴 때는 성장하기 위해 먹어야 하고, 어른일 때는 왕성하게 활동하기 위해 먹어야 하며, 늙어서는 몸에 쌓인 독을 제거하고 건강하기 위해 먹어야 합니다. 그래서 나이 때마다 먹고 싶은 음식은 얼마든지 달라질 수 있습니다. 그렇지만 세 살 버릇 여든 간다는 말처럼 여든 살까지 필요한 버릇은 세 살 때 배워 둬야 합니다. 늙어서 필요한 음식을 먹을 수 있도록 어릴 때 배워 둬야 하죠. 어릴 때 성장기에 필요한 음식만 먹으면 늙어서도 그것만 찾다가 정작 먹어줘야 하는 음식을 못 먹게 됩니다.

어릴 때는 성장에 좋은 음식을 먹어야 합니다. 고기나 단맛, 고소한 맛 등 고단백 고열량 음식이 당기게 마련입니다. 물론 이런 음식은 늙어서도 당깁니다. 그게 문제입니다. 고단백 고열량 음식은 다양한 미네랄과 함께 섭취하지 않으면 부작용이 반드시 생깁니다. 나이 들면 몸에 염증이 많이 쌓이고 세포가 늙기 때문에 미네랄이 더 절실해집니다. 미네랄이 있는 음식에 미리 길들지 않으면 절실한 때가 돼도 잘 먹지 않게 됩니다. 미네랄이 풍부한 음식은 식물성이 대부분이라 고단백 고열량 음식보다 맛이 별로 없습니다. 어린아이들이 채소나 나물, 곡식 밥을 잘 먹지 않으려는 이유입니다. 교육의 근본은 먹을거리 교육, 밥상머리 교육이라는 말이 그래서 나온 거 아니겠어요? 교육을 통해서 조금은 억지로라도 이런 음식이 입에 맞도록 훈련할 필요가 있습니다.

늙으면 몸에서 냄새가 나기 마련입니다. 몸에 독이나 염증이 쌓이고 해독 능력이 떨어지면 냄새가 납니다. 몸에서 나는 냄새는 몸에 들어간 음식이 분해되는 냄새이기도 합니다. 서양 사람들은 고기를 많이 먹어 고기 노린내가 나고 마늘을 많이 먹는 우리는 마늘 냄새가 납니다. 특히 음식이 가진 독 성분이 분해가 안 되면 냄새가 납니다. 강렬한 맛은 어떻게 보면 영양이 치우쳐 독성이 드러난 겁니다. 반면 독이 덜한 음식은 냄새가 적거나 금방 분해됩니다.

맛이 담백하죠. 담백한 음식은 맛이 별로지만, 영양이 고르다고 할수 있습니다. 그래서 옛 어른들은 아이들이 반찬 투정을 못 하게 했습니다. 너무 맛있는 음식을 추구하면 영양이 치우치고 자칫하면 독이 되는 음식을 좋아하게 됩니다.

제 어릴 때 아이 오줌은 약이라고 해서 옆집 아주머니가 자기 아이 오줌 먹는 걸 본 적이 있어요. 오줌 먹는 아주머니 모습도 신기했지만, 맑은 물처럼 깨끗한 아이 오줌도 신기했습니다. 요즘 아이들 오줌은 어떨까요? 몇 년 전 어린이집 아이들에게 텃밭을 만들어 주며 거름으로 쓸 요량으로 자기 오줌을 받아오라고 했다가 어른처럼 노란 오줌을 보고는 흠칫 놀랐습니다. '고기 많이 먹은 오줌일까, 아니면 영양 과다 오줌일까?'

젊은이한테도 냄새가 납니다. 바로 젊은이를 비하할 때 쓰는 '젖비린내'입니다. 늙어서 나는 냄새에 비해 풋내라 할 수 있죠. 한번은 이십 대 전후의 젊은이 몇 명을 태우고 가는데 차 안 가득 풋내가 코를 찔러서 '아, 이게 젖비린내라는 거구나'라고 생각한 적이 있어요. 특정 음식 냄새라기보다 넘치는 젊은 에너지 냄새 같았어요. 그런데 좋은 냄새일 것 같은 '풋내'와 달리 냄새가 역했습니다. 고단백 고열량 음식이 만들어낸 넘치는 에너지 냄새가 아닐까 싶었습니다.

갱년기에 접어든 중년 시기에는 날이 갈수록 떨어지는 체력을 걱정합니다. 어디 그뿐이겠어요? 노안이 오고 기억력은 쇠해져 자꾸 까먹고 괜히 우울해집니다. 성적 능력이나 성욕은 눈에 띄게 감퇴하고요. 이럴 때 많은 사람이 보양식이나 건강식품 아니면 보약을 찾는데요, 노화는 자연스러운 현상이니 편하게 받아들일 것을 권합니다. 이제 늙어가는 겁니다. 사실 갱년기(更年期)는 '다시(更) 세월을(年) 사는 때(期)'라는 뜻입니다. 그러니까 죽을 때가 되었는데 죽지 않고 덤으로 사는 인생이죠. 자연의 생명은 생식 능력이 떨어지면 죽는데 인간은 죽지 않고 더 삽니다. 덤으로 주어진 세월이 행인지 불행인지 잘 모르겠습니다. 늙어서 몸에 냄새나지 않게 하려면 담백한 음식을 먹어야 합니다. 그래도 냄새는 납니다. 노화의 자연스러운 현상입니다.

씨앗을 먹다

요즘은 밥 먹는 일을 영양학적으로 이해합니다. 서양식 세계관의 영향이죠. 이런 이해에 따르면, 밥 먹기는 3대 영양소인 단백질, 지방, 탄수화물을 섭취하는 일이며 거기에 미네랄과 비타민을 더해 5대 영양소를 섭취하는 일입니다. 생명을 유지하고 생명활동을 하려면 당연히 필요한 영양소입니다. 그런데 이런 관점에는 '관계'가 빠져있습니다.

보통 인간의 3대 욕구를 식욕, 수면욕, 성욕이라고 합니다. 생존을 위한 가장 기본적인 욕구라고도 합니다. 미국의 인문심리학자 에이브러햄 매슬로(Abraham Maslow)는 이를 '생리적 욕구'라고 말합니다. 그는 욕구를 5단계로 나누는데요, 생리 욕구 다음엔 안전 욕구, 그다음은 소속 욕구, 명예 욕구 그리고 제일 높은 단계는 자아실

현 욕구입니다. 이 이론의 시시비비는 나중에 따지기로 하고요, 다만 생리 욕구를 가장 낮은 단계로 보는 견해에 이견을 제기하고자 합니다.

매슬로의 욕구단계이론은 모든 생명체에 생리 욕구가 있으니 오히려 인간만이 가진 사회적 욕구를 높이 평가하자는 이론으로 보입니다. 그러나 반대로 모든 생명체가 가지고 있으니 '생리 욕구'를 제일 귀중한 단계로 봐야 하고, 인간만이 가지고 있으니 '사회적 욕구'를 오히려 가장 낮은 단계로 보는 게 옳다고 저는 생각합니다. 그래서 저는 모든 생명이 갖는 생리 욕구, 그중에서도 식욕을 가장 소중하게 취급해요. 보통은 휴식과 잠을 통해 면역력을 회복해주는 수면욕과 후손을 이어가게 해주는 성욕의 가치를 높게 보고, 식욕은 단지 육체의 몸을 이어주는 수단에 불과하니 낮게 평가합니다. 그러나 욕구를 내 필요를 채워주는 수단으로만 보지 않고 욕구의 대상과 소통하는 쌍방 관계이자 매개 수단으로 보면 이야기가 달라집니다.

수면욕은 꿈으로 드러나는 자신의 영혼(무의식)을 만나는 일로, 잠은 또 다른 나와의 소통입니다. 성욕은 이성과 사랑이라는 방법으로 소통하며 나 아닌 타자와 하나 되고자 하는 욕망입니다. 그 결과로 생명을 낳으니 성욕은 카타르시스를 즐기려는 일시적 욕망이라기보다 생명을 이어가고자 하는 숭고한 욕망으로 보는 게 합당

합니다. 식욕은 자연의 산물인 먹을거리를 통해 사람이 자연과 소통하게 하고 자연이 몸속에 들어와 몸을 구성하게 합니다. 나와 자연이 하나 되게 하는 욕망이죠. 이렇게 본원이고 본질인 욕망을 생리적 욕구로 깎아내리는 매슬로의 관점은 욕망의 대상을 그야말로 욕망을 채우기 위한 대상으로만 보는 것 아닐까요? 욕망을 통해 대상과 하나 되고, 대상을 내 안으로 끌어들임과 동시에 나를 대상 안으로 밀어 넣는 신성한 소통의 과정임을 통찰하지 못한 표피적인 인식이 아닐까요? 그래서 이 장에선 우리가 먹는다고 할 때 무엇을 먹는 건지, 그 무엇과 어떻게 소통하며 어떤 관계를 맺는 건지를 우선 살펴보고자 합니다.

우리가 먹는 밥은 생명입니다. 생명이 아니면 먹을 수가 없습니다. 어쩌면 우리 삶은 생명을 죽이는 살생의 연속일지 모릅니다. 불교에선 살생하지 말라고 하지만, 살생하지 않고선 하루도 살지 못하니 우리는 늘 죄를 지으며 사는 존재입니다. 그렇다면 먹으면서 죄를 갚을 길은 없을까요? 답은 간단합니다. 생명을 먹으며 생명을 이어주면 됩니다. 생명을 죽이는 일이 생명을 살리는 일이 되면 가능합니다. 그게 뭘까요? 바로 씨앗을 먹는 겁니다. 씨앗을 먹으면 씨앗을 이어주게 됩니다.

인도양의 아프리카 동쪽 모리셔스 섬에 도도라는 새가 살고 있었습니다. 천적이 없고 살기 편해서 그런지 도도는 날지 않았습니다. 아주 순해서 사람이 나타나도 피할 줄 몰랐죠. 그런데 서양 사람들이 들어와 그 새를 잡아먹기 시작하더니 급기야 100여 년 만에 멸종시켜 버렸습니다. 문제는 도도만이 아니었습니다. 그 섬에 3,000년이나 무성하게 자리 잡고 살던 칼바리아(탐발라코크) 나무도 사라질 위기에 처했습니다. 한 생태학자가 조사해보니 칼바리아 나무의 멸종 위기에는 사라진 도도가 관여하고 있었습니다.

　도도의 밥은 칼바리아의 씨앗이었습니다. 도도가 칼바리아 열매를 먹으면 배에 들어간 씨앗의 딱딱한 껍질이 부드러워져 똥과 함께 배출됩니다. 땅에 떨어진 배설물에서 싹이 트며 칼바리아가 번식합니다. 그런데 더 조사해보니 칼바리아 씨앗의 껍질이 원래는 딱딱하지 않았습니다. 도도 같은 천적으로부터 씨앗을 보호하려고 딱딱한 껍질로 진화한 거죠. 천적관계를 공생관계로 바꾼 셈입니다. 생명을 죽이는 일이 살리는 일로 반전되는 대표적 사례라 할 수 있습니다. 하지만 안타깝게도 도도가 사라지니 스스로 번식할 수 없게 된 칼바리아도 사라질 위기에 처했습니다.

　도도가 먹는 칼바리아의 씨앗이 인간에게는 바로 곡식입니다. 곡식은 씨앗입니다. 대표적인 곡식인 쌀, 보리, 수수, 콩이 모두 씨앗이죠. 우리는 곡식을 주식으로 먹기에 이들을 식량(食糧)이라 부릅니다.

　씨앗에는 필수 영양이 다 들어있습니다. 씨앗은 번식에 필요한 기본 영양을 갖추고 있기 때문이죠. 탄수화물, 단백질, 지방 같은 3대 필수 영양소부터 칼슘, 칼륨 같은 필수 미네랄과 그 외 다양한 비타민을 두루 함유하고 있습니다. 씨앗만 먹어도 생명 유지에 필요한 필수 영양을 얻을 수 있는 셈입니다. 게다가 씨앗은 매일 먹어도 물리지 않으니 주식이 될 수 있습니다.

그렇지만 곡식을 먹어치우기만 하면 씨앗은 사라집니다. 도도처럼 똥으로 배출하면 모를까, 딱딱하지도 않은 곡식을 인간은 치아로 짓이겨 배 속에서 강력하게 소화해 흡수하니 똥으로 나온다 한들 번식이 안 됩니다. 먹기 전에 씨앗으로 쓸 걸 따로 보관했다가 다음에 심어야 하죠. 그 일이 농사고 그 일을 하는 사람이 농부입니다. 따라서 씨 받는 농부가 사라지면 사라진 도도의 칼바리아 처럼 씨앗도 사라지고 맙니다.

농부는 곡식을 수확하면 제일 좋은 알곡은 먹지 않고 다음에 심을 씨앗으로 보관합니다. 따라서 인간의 식량은 제일 좋은 알곡이 아니라 두 번째로 좋은 알곡입니다. 쭉정이 알곡은 가축에게 줍니다. 제일 좋은 알곡을 먹어버리면 씨앗은 점점 퇴화해 결국 사라지고 맙니다. 영화 〈혹성탈출〉(〈Planet of the Apes〉, 1968년)을 보면 제일 좋은 알곡을 씨앗으로 쓰지 않고 식량으로 먹어치우는 진화한 유인원을 미래로 간 인간이 가르치는 장면이 나옵니다. 인상 깊은 장면이어서 기억합니다. 하지만 원주민보다 백인이 우월하다고 간접적으로 표현하는 것 같아 씁쓸하기도 했습니다. 씨앗 받지 않는 농사, 불임 종자를 퍼뜨린 사람들이 백인이었다는 사실을 생각하면 더더욱 그렇습니다.

우리는 먹을 줄만 알지 우리가 먹은 음식의 씨앗이 어떻게 생겼는지 잘 알지 못합니다. 매일 밥을 먹으면서도 그게 씨앗인지 아는 사람이 몇 명이나 될까요? 밥과 함께 배추김치를 먹으면서 배추 씨앗이 어떻게 생겼는지 모릅니다. 고기 싸 먹는 상추 씨앗이 콧바람에도 훅 날아갈 만큼 가볍다는 사실을 아는 사람은 더더욱 드물죠. 매일 음식을 먹지만 도통 그 음식의 씨앗에는 관심이 없습니다. 모든 음식에는 씨앗이 있기 마련인데 즐겨 먹는 귤에 씨앗이 없다는 사실을 모릅니다. 탱자의 씨앗처럼 원래 씨가 있었는데 먹기 불편하다고 육종 기술자들이 씨 없는 귤, 곧 불임 귤을 만들어 보급했다는 사실은 더더욱 모릅니다.

그뿐 아닙니다. 밥상에 올라오는 채소 대부분은 꽃을 피우고 씨를 맺어도 그 씨가 불임입니다. 발아가 되지 않거나 발아해도 부모와 전혀 다른 생김새로 자라고 맛도 전혀 다른 놈이 됩니다. 이를 교잡종이라 하는데, 얼마나 교잡했는지 전혀 부모를 알아낼 수 없을 정도입니다. 하도 섞어 놔서 부모를 알 수 없을 뿐더러, 그 씨앗(2대 잡종, F2)을 받아 싹을 틔워 키워보면 1대 잡종(F1)과 전혀 다른 형질의 개체가 나옵니다. 분리 현상, 말하자면 F1 개체와 분리된 형질이 나오는 현상, 또는 숨어있던 열성인자가 분리되어 튀어나온 현상이죠. 씨가 없거나 불임 씨앗인 음식을 먹으면 그 음식도 우리 밥상에서 언제 사라질지 모릅니다. 참 난감합니다.

고기는 문제가 더합니다. 고기용 가축한테는 씨앗을 퍼뜨릴 자유가 없습니다. 대부분 수컷은 어릴 때 거세되고 일부 종자용 수컷 가축(종축)만이 씨앗을 퍼뜨릴 수 있습니다. 종자용 수소(종우)는 그조차 사랑의 짝짓기를 통하지 않고 정액을 사람이 추출해 암소에게 인공 수정해서 번식시킵니다. 정액 추출하는 장면은 실로 가관입니다. 종우에게 암소 역할을 대신하는 수소를 짝짓기 자세로 올라타게 한 다음 사정하기 직전 잽싸게 정액을 낚아챕니다. 왜 암소가 아닌 수소에게 암소 역할을 맡기냐고 물어보니 그 답이 참 놀라웠어요. 암소를 올라타면 자칫 진짜 짝짓기가 이뤄져 종우 정액을 놓칠까 봐 그런답니다.

돼지는 종돈만 남기고 다 거세합니다. 우수 종자를 받기 위해서이기도 하지만 수돼지는 거세하지 않으면 고기에서 냄새가 나기 때문입니다. 또 거세하지 않으면 성질이 사나워 사육하기 어려워집니다. 한번은 자연주의를 실천하며 산속에서 농장을 일구는 농부를 만나러 간 적이 있어요. 대문을 지키는 개가 이상하게 생겨서 다가가 살펴보니 돼지였어요. 그런데 이놈이 신통하게 집을 잘 지키는 겁니다. 낯선 사람이 오면 자기 집에 절대 들어오지 못하게 할 기세로 마구 달려들더라고요. 다행히 목줄로 묶어놨기에 망정이지 하마터면 다리라도 물릴 뻔했죠. 마중 나온 주인장 농부에게 물어보니 거세하지 않아 사나운 수놈 본성이 살아있어 집을 잘 지킨다고 하더라고요. 게다가 개처럼 시끄럽게 짖지 않아 더 좋다고 합니다. 참 웃기기도 하고 씁쓸하기도 했던 기억입니다.

인류가 농사를 발명한 이후 농부는 씨앗을 매우 소중히 지켜 왔습니다. 성경의 '노아 방주' 이야기는 씨앗을 지켜온 인류의 노력을 극적으로 보여줍니다. 세계적으로 유명한 노르웨이의 스발바르 국제종자저장고 이름은 노아의 방주에서 따와 '최후의 날 저장고 (Doomsday Vault)'입니다.

아이러니하게 씨앗은 먹어야 지켜집니다. 박물관의 유물처럼 안전하게 보호한다고 해서 지켜지지 않습니다. 생명을 먹으며 생명을 살려 온 자연의 이치이며 농사의 가장 진보적인 의미입니다. 그렇지만 씨앗을 먹는 농경을 시작하면서 인간은 많은 생명을 죽이고 멸종시켜 왔습니다. 콩과 옥수수와 밀 농사를 위해 아마존을 비롯한 많은 숲을 파괴하고 아랄해 같은 소중한 생명의 보고(Biotope)를 말려버렸죠. 농경의 이중성입니다.

이런 농경의 이중성을 가르는 또 다른 근본적인 차이가 있습니다. 농부가 씨앗을 직접 받아 심는지 사다가 심는지의 차이입니다. 다양한 종류의 씨앗을 심는지 한 종류의 씨앗만 심는지의 차이도 중요하고요. 나아가 한 작물 안에서의 다양성도 중요합니다. 콩, 옥수수, 밀, 벼, 보리 등 다양한 작물의 재배만이 아니라, 콩 한 가지를 심더라도 다양한 콩 종자를 심는 게 중요합니다.

다양한 종자를 재배하는 일을 윤작(돌려짓기)이라 하고 한 가지 종자를 재배하는 일을 단작(홑짓기)이라 합니다. 결론부터 말하면 윤작은 다양성을 추구하기 때문에 씨앗을 지키고 퍼뜨리지만, 단작은 한 가지(그것도 생명력보다는 생산력이 높은 씨앗 한 가지)를 추구하므로 그 외 씨앗을 없애고 멸종시킵니다.

토종 씨앗을 수집하기 위해 충북 괴산군을 6개월간 돌아다닌 적이 있어요. 괴산은 대학찰옥수수의 발원지로 유명한 곳입니다. 대학찰옥수수가 잘 팔리자 다른 토종 옥수수들이 지역에서 사라져 버렸어요. 이제 괴산은 옥수수 중에 대학찰옥수수만 심는 단작 지역이 되었습니다. 어딘가에 혹시 있을지 모를 토종 옥수수를 찾아다니다가 드디어 토종 옥수수를 몰래 재배하는 농부를 만났어요. 옥수수는 이른바 남의 씨앗을 받는 대표적인 타가수정 작물로 반지름 500미터 안에 다른 종자 하나만 있어도 금방 잡종이 돼버리곤 합니다. 가끔 볼 수 있는 알록달록한 옥수수가 바로 잡종화된 옥수수죠. 잡종화되면 맛과 수확량이 떨어지고 상품성이 없어지기 때문에 농부들 스스로 다양한 옥수수를 없애버리고 대학찰옥수수만 심었습니다. 결국 대학찰옥수수가 다른 옥수수를 멸종시킨 셈이죠.

문제는 더 있습니다. 바로 대학찰옥수수는 불임 종자라는 사실입니다. 대학찰옥수수를 재배해 씨를 받아 심으면 발아가 잘되지 않고 발아해서 옥수수가 열려도 알곡이 달리지 않는, 씨 없는 옥수수가 나옵니다. 따라서 농부는 씨앗을 받지 못하니 종묘 회사에서 매번 사다가 심어야 합니다. 종묘 회사가 부도나거나 불의의 사고로 대학찰옥수수마저 잃으면 어떻게 될까요? 옥수수 자체가 사라집니다. 멸종의 현대판 시나리오입니다.

그때 만난 괴산의 토종 옥수수를 심는 농부는 씨알을 건네주며 이렇게 말했습니다.

"내가 토종 옥수수를 재배하고 있다고 남들에게 이야기하지 마세요."

남들에게 알려지면 그마저 못 심게 될 것을 우려해서였어요.

"왜 돈도 되지 않고 맛도 덜하고 소출도 적은 토종 옥수수를 몰래 심으세요?"

내가 물었더니 돌아온 답이 조금 의외였어요.

"조상들이 물려 준 것을 어떻게 나 대에 끊겠습니까?"

이 농부를 만나고 문득, 욕할 때 쓰는 "18놈"이 '씨를 팔아먹을 놈'에서 유래한 게 아닐까 생각했습니다. 아마도 이 욕은 임진왜란이나 일제강점기 창씨개명 때 만들어지지 않았을까 싶더라고요. 우리가 상대방을 부를 때 이름 뒤에 붙이는 '-씨'는 씨앗을 뜻할 겁니다. 이렇게 우리는 씨 민족인데 조상이 물려준 그 씨를 자기 살기 위해 팔아먹을 놈이라니 얼마나 심한 욕입니까?

이렇게 씨를 소중히 여기는 전통은 우리 결혼 문화에 고스란히 드러납니다. 같은 가부장 사회였던 일본과 서양에선 여자가 결혼하면 자기 성을 버리고 남편 성을 따랐습니다. 성평등 시대인 지금도 그 문화는 유지되고 있으니 어찌 보면 황당하기 그지없습니다. 그런데 우리는 달랐습니다. 여자가 시집을 가도 자기 성을 유지했습니다. 남편 집 족보에도 올렸습니다. 어느 마을 무슨 씨 집안의 몇째 딸이라고 기재했죠. 그만큼 씨가 중요했는데, 곰곰 생각해보면 그 이유는 단순합니다.

농경사회는 대부분 붙박이 씨족 사회였습니다. 마을 사람들의 성씨가 다 같았습니다. 이런 씨족 사회에선 근친혼이 금기였습니다. 근친으로 인한 질병은 약도 없을 뿐더러 자칫 공동체 사회를 근본부터 붕괴시키는 커다란 위험입니다. 근친 약세, 곧 근친으로 인한 유전적 다양성의 상실로 초래된 유전적 질환이 공동체의 근본을 약화할 수 있습니다. 서양과 일본 왕실에서 오랫동안 근친혼이 이어져 근친병으로 고통받은 이야기는 잘 알려졌습니다. 우리나라도 조선 시대 이전, 고려왕조와 신라왕조에서 근친혼으로 문제가 심각했었다고 전해집니다. 신라 성골의 몰락은 근친혼의 결과라고 추정할 수 있습니다. 우리 조상이 시집간 여성의 성을 유지하게 하고 남편 집 족보에 올린 것은, 내가 결혼할 여자는 내 어머니 고향 마을 사람이 아니어야 하고 내 어머니 성씨와도 같지 않아야 한다는 메시지이며 근친혼을 막는 중요한 원칙이었습니다. 그러니 어찌 씨를 소중히 여기지 않을 수 있었겠어요?

단작 농사는 종자를 멸종시킬 뿐만 아니라 숲과 자연을 파괴합니다. 반면 다양한 종자를 추구하는 윤작 농사는 숲, 자연과 공존하며 농자재, 에너지, 보조적인 먹을거리를 얻습니다. 지속 가능한 농사는 공존으로 가능하다는 것을 윤작 농사는 알고 있습니다. 농경은 신석기 시대와 구석기 시대를 가른 혁명적인 변화였지만 윤작 농사는 구석기 시대와 결별하지 않았습니다. 윤작은 구석기 시대의 채집 문화와 긴밀히 결합했습니다. 작물 종자는 야생 종자와 부단히 소통했고 야생 종자를 기반으로 진화했습니다. 야생 종자가 사라진 작물 종자는 아무리 다양해도 근본이 불안해 언제 어떻게 멸종 위기에 처할지 모릅니다.

흙을 먹다

성경에 따르면 하느님은 인간을 흙으로 빚으셨습니다. 왜 하필 흙일까요? 어쨌든 흙으로 빚은 다음 하느님이 숨을 불어넣으니 비로소 인간이 되었습니다. 저는 이 숨을 씨앗으로 해석해요. 동양철학 관점에서 보면 흙은 음이고 하느님의 숨은 천기(天氣), 곧 양이며 씨앗입니다. 흙과 씨앗이 만나, 음과 양이 만나 비로소 생명이 탄생했습니다.

가끔 농사 강연한답시고 교회나 성당에 가면 심술궂게 이런 질문을 던지곤 해요.

"하나님이 생명이 살기 힘든 이런 콘크리트 예배당에 계신다면 과연 편안하실까요? 당신이 인간을 지은 살아있는 흙에 계시는 게 더 편하지 않을까요?"

한번은 농사짓는 목사님의 교회에 가서 이 이야기를 하니 다들 반가워했습니다. 한발 더 나아가 다음과 같이 너스레를 떠니 그렇게들 좋아했어요.

"하나님은 분명 농부셨을 겁니다. 그것도 친환경 농사를 짓는 유기농 농부셨을 거예요. 왜? 하나님이 인간을 만드실 때 농약에 오염된 흙으로 만드시지 않았을 테고, 또 그때는 당연히 농약이 없었을 테니까요"

저는 무신론자이지만 진짜로 하느님이 계실 것 같은 예배당에 가본 적이 있어요. 농사를 배우기 위해 전국의 내로라하는 유기농 농부를 찾아다니다 한적한 시골구석에 기도하듯 농사지으며 소박하게 사시는 분을 만났습니다. 오랜 세월 유기농사를 지어오신 터라 그 농장의 흙은 참으로 감동이었어요. 부드러운 살결 같은 그 흙을 만져보고 풋풋한 냄새를 맡아보니 과연 이런 흙이라면 하느님이 인간을 만들만 하겠구나 싶었습니다.

농장 한구석에 소박하게 흙으로 지은 한 칸짜리 방이 있어 슬며시 들어가봤죠. 하얀 벽지로 도배한 그 방에는 아무 살림도 꾸밈도 없었어요. 방 한가운데 겨우 겸상할 정도 크기의 밥상에 성경과 찬송가, 그리고 십자가가 덩그러니 놓여 있었어요. 금세 예배당인 걸 알아차렸습니다. 하느님이 편안하게 자리하고 계실 것 같은 그 방의 기운을 아주 편한 마음으로 느낄 수 있었습니다.

어쨌든 이렇게 흙은 생명의 원천이며, 그 생명이 천기를 받아 (광합성) 씨앗을 낳고 생명을 이어갑니다. 그래서 생명인 밥을 먹는 것은 흙을 먹는 것과 같고 흙을 먹는 것은 우리 지구를 먹는 것과 같습니다. 지구를 먹으면 지구는 사라질까요? 아닙니다. 우리는 지구를 먹으며 지구를 지킵니다. 생명을 먹으며 생명을 지키고, 자연을 먹으며 자연을 지키듯이…. 그러면 지구를 먹으며 지구를 살리는 방법은 무엇일까요? 그것은 밥 먹고 배설한 똥을 흙으로 돌려보내는 일입니다.

우주를 먹다

우주의 별 덕에 우리가 먹을거리를 얻을 수 있다고 하면 좀 황당할까요? 그렇지만 그 많은 별 중에 태양이 우리 먹을거리의 근본이라 하면 다들 쉽게 이해할 겁니다. 태양이 없으면 지구도 없고 생명도 없으며 우리도 없습니다. 먹을거리는 태양의 빛으로 만들어집니다. 먹을거리의 기본인 식물은 흙을 통해 양분을 만드는 게 반이고 햇빛에 의지해 광합성으로 양분을 만드는 게 반입니다. 그러니까 먹을거리의 반은 태양의 에너지라고 해도 무방합니다. 태양은 먹을거리만 생산하는 게 아닙니다. 우리 삶에 기본적으로 필요한 에너지도 모두 태양에서 비롯합니다. 석유, 석탄은 태양 에너지의 산물이며 나무를 태워 얻은 땔감 에너지 또한 태양에서 왔죠. 태양광 발전 에너지는 더 말할 필요 없고요. 태양은 먹을거리와 모든 에너지의 근본입니다.

태양 에너지 중에서도 식물의 광합성을 주관하는 가시광선이야말로 태양 에너지의 핵심입니다. 그런데 과연 가시광선만 먹을거리 생산에 관여할까요? 가시광선(可視光線)은 글자 그대로 눈에 보이는 광선입니다. 그러나 태양의 선에는 눈에 보이지 않는 게 더 많죠. 자외선과 적외선이 대표적인 비(非)가시광선입니다. 이 광선들도 먹을거리 생산에 작용합니다.

자외선은 가시광선보다 파장이 짧은 전자기파로, 가시광선 중 파장이 제일 짧은 자색 밖에 있어서 자외선(紫外線)이라 부릅니다. 파장이 짧아 구름 같은 장애물이 없는 맑은 날 땅으로 많이 쏟아지며, 깊게 파고들지 못해 표피조직에 작용합니다. 식물 잎의 표피조직을 강화해 광합성 활동을 돕고 사람의 피부를 살균하며 사람에게 비타민D를 만들어줍니다.

적외선은 가시광선 중 파장이 제일 긴 적색 밖에 있어서 적외선(赤外線)이라 부르는데 파장이 길어 구름 같은 장애물을 잘 뚫고 내려옵니다. 적색이라 열이 있어 열선이라고도 하며, 사람 몸속까지 파고들어 몸을 데워줍니다. 그래서 병원 물리치료 때 사용합니다. 과일의 깊은 조직에까지 파고들어 과육이 잘 숙성되도록 에너지를 넣어줍니다.

그 외에도 우주에서 수많은 우주선이 매일 지구로 쏟아집니다. 대부분 방사능을 띄고 있어 피해를 주지만, 최근엔 이온화 작용으로 에어로졸 형성을 촉진해 구름이 만들어지는 데 영향을 미친다고 알려져 있습니다. 아직 밝혀지지 않은 영향이 많지만, 태양의 가시광선 외에 광활한 우주에서 쏟아지는 수많은 우주선이 지구의 생명활동에 적지 않은 영향을 미치고 있습니다. 당연히 우리의 먹을거리에도 영향을 미치니 먹을거리를 먹으면 거기에 반영된 우주의 기운을 먹는 셈이라고 해석할 수 있습니다.

태양 다음으로 먹을거리와 지구 생명체에 영향을 주는 천체는 달입니다. 달의 영향은 태양과 달리 간접적입니다. 그래서 사람들은 달의 가치를 잘 모릅니다. 일단 달은 지구의 다양한 기후 변화에 영향을 끼칩니다. 가장 큰 이유는 지구의 기울어진 각도 때문인데요, 지구는 다들 알다시피 약 23.5도 기울어져 있습니다. 그래서 지구의 기후가 다양해졌죠. 극지방에도 해가 길 때 봄, 여름이 있고 적도 지방에도 해가 짧을 때 가을, 겨울이 있습니다. 그 결과 해가 길 때 적도 지방에서 달궈진 바닷물이 극지방으로 올라가고, 해가 짧을 때 극지방에서 식혀진 바닷물이 적도 지방으로 내려오는 바닷물의 대류 현상이 일어납니다. 멕시코만류가 대표적입니다. 만약 지구가 똑바로 서 있다면 극지방은 춥기만 하고 적도 지방은 덥기만 해서 대류 같은 순환 현상이 일어나지 않아 지구엔 생명이 깃들기 힘들 겁니다.

기울어진 지구와 달은 무슨 상관일까요? 지구의 기울어진 각도를 유지해주는 것이 바로 달의 인력입니다. 예를 들면 팽이가 쓰러지지 않도록 유지해주는 팽이채 역할을 달의 인력이 하죠. 지구의 공전 궤도 밖에 있는 태양계의 큰 행성들은 다 위성을 거느리고 있지만, 해당 행성과 비교했을 때 달처럼 큰 위성은 없습니다. 눈으로 보면 달은 태양과 거의 크기가 비슷합니다. 그리고 지구의 위성은 달 하나뿐입니다. 게다가 희한하게도 우리는 달의 앞만 볼 수 있지 뒤를 볼 수 없습니다. 달의 공전주기와 자전주기가 같기 때문입니다. 달이 지구 한 바퀴를 돌 때 달 자체도 한 바퀴 돕니다.

그런데 달의 뒤를 본 사람들이 있습니다. 바로 우주선 아폴로13호를 탔던 우주비행사들입니다. 아폴로13호는 달 탐사하러 가다가 우주선 연료가 새는 고장이 났습니다. 달 탐사는커녕 남은 연료로는 귀환도 못 하게 생겼죠. 그러자 우주비행사들은 바로 돌아오지 않고 달까지 가서 한 바퀴를 돌며 얻은 에너지(원심력)로 지구에 돌아오기로 합니다. 그러면서 달의 뒤를 보게 되었는데, 그 모습이 참으로 신기했다고 합니다. 달의 뒤는 순 곰보투성이였습니다. 왜 그럴까요? 외계에서 날아오는 소행성들을 달이 막아주느라 그렇게 된 거였죠. 지구를 보호하느라 대신 얻어맞았으니 어찌 달이 고맙지 않겠습니까?

아무튼 그 외에도 달은 지구의 밀물과 썰물을 일으키는 중요한 역할을 합니다. 바닷물은 달이 끌고 다닌다고 보면 됩니다. 달의 인력이 바닷물을 잡아당기기 때문에 달이 가까이 있으면 밀물이 되고 멀리 있으면 썰물이 됩니다. 물론 달의 인력 외에도 미세하게 태양의 인력과 지구의 자전에 의한 원심력도 밀물과 썰물에 작용합니다. 밀물과 썰물은 어부에게 직접 영향을 끼칩니다. 밀물일 때 배를 띄워 바다로 나가 생선을 잡고 썰물일 때 갯벌에 나가 조개 등 해물을 캡니다.

바다 먹을거리 외에 달이 먹을거리에 끼치는 영향은 또 뭘까요? 바로 농사입니다. 옛말에 달이 찰 때(보름으로 갈 때) 파종하고 달이 기울 때(그믐으로 갈 때) 수확하라 했습니다. 달이 찰 때는 양의 기운이 세서 파종하면 씨앗이 발아해 생장하기 좋고, 달이 기울 때는 음의 기운이 세서 열매나 이삭이 영글기 좋아 수확하기 좋다고 봤습니다. 초승달에서 보름달로 갈 때는 달이 낮 하늘에 떠 있습니다. 낮달이니 물이 낮에 들어오죠. 반면 보름달에서 그믐달로 갈 때는 자정 지난 달이니 낮에 물이 나갑니다. 바닷물이 들어오면 수압이 작용해 지하수 수위가 올라가는데, 이는 밀물일 때 비가 많이 오면 강물이 바다로 빠져나가지 못해 범람하는 이치와 같습니다. 아마 지하수도 바닷물처럼 달의 인력이 어느 정도 작용할 겁니다. 지하수 수위가 올라가면 토양 속 수분이 증가하고, 지하수 수위가 낮아지면 수분이 감소하겠죠. 수분이 많으면 파종한 씨가 발아해 생장하기 좋고, 수분이 적으면 뿌리에 저장해 둔 양분이 위로 올라가 이삭과 열매가 익기 좋습니다.

서양에서도 비슷한 이야기를 합니다. 달이 찰 때는 대기에 양이온이 많아져서 수분을 빨아올려 파종하기 좋고, 달이 기울 때는 대기에 음이온이 많아져서 수분을 밀어내 수확하기에 좋다고 했습니다. 물이 전기적으로 마이너스이기 때문입니다. 보름달에 출몰하는 서양 전설의 늑대인간도 같은 이치로 설명할 수 있습니다. 보름 때 대기의 양이온이 많아져 음이온인 혈액의 순환을 방해하니 스트레스 지수가 높아져 결국 늑대인간이 된다 이겁니다. 믿거나 말거나….

이처럼 태양이 모든 생명의 근본인 에너지의 원천이라면, 달은 태양의 에너지가 다양하게 작용하게끔 중간에서 관리하는 존재라 할 수 있습니다.

우주에는 태양과 달 말고도 무수한 별이 있습니다. 어느 천문학자가 밤하늘의 별과 지구의 모래알 중 어느 게 더 많을까 계산해 봤더니 별이 더 많았다고 합니다. 모래알보다 많은 별을 빼고 해와 달만으로 먹을거리가 우주의 영향을 받는다고 하기엔 뭔가 억지스럽습니다. 그러면 별도 우리 먹을거리에 작용할까요? 당연합니다.

農(농)을 '별 신(辰)'에 '노래 곡(曲)'이 합쳐진 글자로 해석하곤 합니다. 글자 그대로 풀이하면, '농사는 별의 노래로 짓는다'는 얘기입니다. 하지만 여기서 '별 신'은 때를 뜻하고, '노래 곡'은 밭에서 일하는 농부의 모은 두 손을 상형화한 것으로 흔히 봅니다. 따라서 '농사란 때에 맞춰 짓는 일'이라 풀이할 수 있습니다.

옛사람들은 해와 달과 별의 움직임을 보고 때를 파악했습니다. 수많은 별 중에서도 북두칠성과 목성이 중요합니다. 국자 모양의 북두칠성에서 손잡이가 가리키는 방향을 보고 시간을 알고 절기 변화를 알았습니다. 목성은 운행 주기가 거의 12년이라 목성의 변화를 보고 십이지지(十二地支)를 알았고요. 그래서 목성을 세성(歲星), 곧 세월을 알게 해주는 별이라 했습니다. 축문의 서두에서 '유세차 갑자년 갑자일에 아룁니다'라고 할 때 유세차는 세성, 곧 목성의 순서가 갑자년이라는 뜻입니다. 따라서 때(辰)에 맞춰 농사짓는 일(曲)이란 우주 천문, 곧 별들의 운행에 맞춰 농사짓는 일과 같은 뜻이 됩니다.

앞에서 수면욕, 성욕보다 더 근본적인 욕구는 식욕이라고 이야기했습니다. 생명을 먹고 지구를 먹으며, 나아가 우주까지 먹으니 그보다 성스러운 일이 어디 있겠습니까? 저는 먹는 일이야말로 제일 신성한 종교 행위라고 봐요. 생명과 소통하고 지구와 우주와 소통하는 일이니까요. 단지 단백질, 탄수화물, 지방, 미네랄, 비타민을 먹는 일일 수 없습니다.

그러면 무엇을 먹어야 생명, 우주, 자연과 소통할 수 있을까요? 제일 먼저 거친 음식을 권하고 싶습니다.

입맛보다 장(腸)맛

방금 말했듯이 거친 음식을 먹어야 합니다. 그러면 무엇이 거친 음식일까요? 껍질을 깎지 않은 곡식과 잎줄기 중심의 채소입니다.

먼저, 거칠지 않은 고운 음식을 간단히 살펴보겠습니다. 아마 우리한테는 '이팝에 고깃국'이 고운 음식의 상징일 겁니다. 남북한 모두 이를 맛있는 밥상, 부자 밥상으로 여겨 가난한 사람들은 듣기만 해도 가슴이 설렜죠. 그런데 이 말만 들으면 저는 '속았다'는 느낌을 지울 수가 없어요.

이팝은 '하얀 쌀밥'의 사투리입니다. 함경북도와 경상북도의 사투리로, 밥알에 기름기가 절절 흐르고 입 안에 넣으면 살살 녹는 밥이죠. 북한은 남한에 비해 논이 훨씬 적습니다. 자급이 안 되므로 쌀밥을 먹으려면 호남 지방의 쌀을 사다 먹어야 했는데 분단되면서 쌀이 아주 귀해졌습니다. 그런 상황에서 이팝에 고깃국을 일상으로 먹을 수 있는 나라는 이상향이나 다름없었을 겁니다.

논이 적은 북한 상황이 좀 더 어려웠겠지만 남한에서도 하얀 쌀밥이 귀하기는 마찬가지였습니다. 이유는 간단합니다. 한반도는 추워서 벼농사가 일모작밖에 되지 않으니 이모작, 삼모작 하는 열대지역 나라처럼 쌀로 식량 자급을 할 수 없었습니다. 보리를 비롯해 다양한 곡식을 재배해야 식량 자급이 가능했죠. 게다가 일제강점기에는 일본에서 쌀을 강제 공출해가니 쌀밥이 더욱 귀했습니다. 고기는 더 사정이 어려웠고요. 남이나 북이나 초지가 형성될 수 없는 추운 겨울과 무더운 여름 날씨여서 가축 방목이 불가능하니 고기를 풍족하게 먹을 수가 없었습니다. 그래서 이팝에 고깃국은 혹세무민하는 환상에 불과했습니다.

부자들이 많이 먹으니 부러운 먹을거리가 됐지만, 사실 하얀 쌀밥과 고기는 맛있을지 몰라도 결코 좋은 먹을거리가 아닙니다. 옛날에 기름진 하얀 쌀밥과 고기를 제일 많이 먹은 사람은 임금이었을 텐데 저는 조선 왕들의 이른 죽음은 다 이런 먹을거리 때문이라고 생각해요. 부인이 많아 기력을 많이 소모해 그렇다는 말이 있지만, 궁궐 예법에 따르면 임금의 합궁은 관상감을 통해 길일을 받아 이루어졌으니 기력을 소모할 만큼 무절제할 수 없었을 겁니다. 속설일 뿐이라고 봐야 맞습니다. 조선 왕들을 이른 죽음으로 이끈 제일 원인은 과로와 스트레스고, 더불어 먹을거리의 영향도 적지 않았을 겁니다.

조선 시대 왕은 일이 많아 밤늦게까지 고된 업무에 시달렸으며 신하의 감시에서 한시도 벗어날 수 없을 정도로 자유가 없었습니다. 게다가 고려 시대 왕과 달리 조금만 움직여도 가마를 타야 해서 운동 부족이 심각했으니 제 명대로 살기가 쉽지 않았을 게 뻔합니다. 거기에 먹을거리가 문제를 더했습니다. 힘들수록 좋은 먹을거리를 먹었을 텐데 뭐가 문제냐고 할 수 있겠지만 이 좋은 먹을거리가 문제를 더 키웠습니다. 임금의 밥상은 최고의 밥상이어야 했기에 당연히 산해진미가 많이 올라왔습니다. 조선 왕 중에 육식주의자가 의외로 많았으며 비만인 경우가 적지 않았습니다.

육식주의자의 대표는 세종대왕입니다. 세종은 비만과 당뇨를 비롯한 각종 질병에 시달리다 54세에 사망했습니다. 고기 없으면 밥을 못 먹는 세종에게 아버지 태종은 "아비가 죽더라도 장례 치르는 동안 육식을 금하는 유교 예법을 무시하고 고기를 계속 먹으라"고 했을 정도입니다.[3] 그런데 효심 깊은 세종은 고기를 끊었고 급기야 몸이 견디질 못해 탈이 나자 신하들이 제발 고기를 드셔달라 사정사정했다는 기록이 있습니다.

세종과 정반대로 채식주의자가 있었으니 바로 영조입니다. 영조는 적게 먹고 술을 잘 마시지 않았으며 현미밥과 잡곡밥, 특히 보리밥을 즐겨 먹었습니다. 게다가 궁 밖 미행을 재위 기간에 500회나 다닐 만큼 몸을 열심히 움직였습니다. 이 모두가 건강하게 오래 산 비결이었습니다.

영조만큼은 아니어도 못지않게 소식하며 서민처럼 밥상을 받은 임금이 정조입니다. 소고기를 먹지 않았으며, 12첩 반상을 거부하고 4~5가지 반찬이 전부인 소박한 밥상을 올리게 했습니다. 그런데 기름진 고기와 찰지고 고운 곡식을 자주, 그리고 많이 먹어야 걸리는 피부 종기로 정조 임금이 사망했다는 사실은 의문입니다. 아직 50세도 안 된 젊은 나이에. 아마도 먹을거리보단 수많은 암살 기도와 과도한 일, 스트레스 때문이 아니었을까 싶습니다. 아무튼 이 팝과 고깃국보다는 거친 보리밥과 채소, 나물이 우리 환경과 건강에 맞는 먹을거리라고 말해주는 대표적인 이야기입니다.

왜 거친 음식이 건강에 좋을까요? 결론부터 말하면 거친 음식은 대장에 좋습니다. 대장 건강이 몸 건강의 근본이죠. 대장에는 면역세포의 70~80퍼센트가 몰려있습니다. 외부에서 음식과 함께 들어오는 바이러스라는 외적을 먼저 물리치기 위한 전략입니다. 또한 대장엔 바이러스를 포함한 미생물이 어마어마하게 많이 살고 있습니다. 사실 우리 몸은 세포로 이뤄졌다기보다 미생물로 이뤄졌다고 봐야 합니다. 우리 몸을 구성하는 세포는 약 30조 개인 반면 대장에만 사는 미생물은 그보다 많은 38조 개나 되거든요. 몸 전체적으로

100조 개 된다는 주장이 있고 그보다는 적다는 주장도 있지만, 어쨌든 미생물이 대장에 제일 많이 산다는 데에는 이론(異論)이 없습니다.

장내 미생물에는 유익균도 있지만 유해균, 곧 나쁜 세균도 있습니다. 유익균과 유해균의 공생이 생존의 필수 조건이지만 그래도 유익균이 더 많아야 좋습니다. 유해균이 많아지면 대장의 면역세포를 파괴해 만병의 근원이 됩니다. 최근엔 대장 건강이 면역력 결핍 질환 외에 비만, 치매, 우울증, 자폐증에도 영향을 준다는 연구 결과가 나올 정도로 대장이 건강에 미치는 영향이 광범위하게 밝혀지고 있습니다.

유익균의 개체수도 중요하지만, 다양성은 더 중요합니다. 장내에 사는 미생물의 종류는 자그마치 4,000여 종이나 됩니다. 장내 유익균의 수와 다양성을 늘리기 위해선 유익균이 좋아하는 음식을 먹어주어야 합니다. 그게 바로 거친 음식입니다. 다르게 말하면 껍질을 덜 깎은 곡식과 섬유질이 많은 음식이죠. 그런데 장내 미생물 다양성이 한 번 파괴되면 좋은 음식을 먹어도 회복이 매우 힘들다는 문제가 있습니다. 요즘엔 이를 해결하기 위해 건강한 사람의 똥에서 좋은 미생물을 추출해 대장이 약해진 사람에게 이식하는 '대변은행'이 생겼습니다. 이런 응급 방법보다 일찍부터 건강한 식습관을 들이는 게 더 중요하겠죠?

부드럽고 고운 음식은 소화가 잘돼 대장까지 가지 못하고 소장에서 다 흡수됩니다. 그러면 대장에 유익균이 좋아하는 음식은 하나도 도달하지 못하고 유해균이 좋아하는 찌꺼기만 도달합니다. 이제 늘어난 유해균이 대장의 면역세포를 파괴하면 각종 면역 질환에 노출됩니다. 따라서 고기와 기름진 음식을 가장 주의해야 합니다. 우리 몸에 필요한 음식일 수 있지만 과하면 장내 유해균이 늘어나거든요. 달면서 고소한 음식, 찰지고 고운 음식, 예컨대 빵과 백미와 찰진 곡식은 과식하면 대장에 좋지 않고 비만과 당뇨병의 원인이 됩니다. 이런 음식은 입맛을 돋우지만, 대장을 건강하게 해주는 음식이 아닙니다. 그래서 앞으로는 입맛보다 장(腸)맛을 돋우는 음식을 좋아하도록 습관을 들이길 권합니다. 쉽게 말하면 입이 즐거운 음식보다 배 속이 편한 음식을 즐겨보자는 겁니다.

　　옛말에 뱃심으로 산다는 말을 되새겨볼 필요가 있습니다. 저는 이 뱃심의 의미가 노자 철학과 상통한다고 해석해요. "허기심(虛其心) 실기복(實其腹)." '그 마음을 비우고 그 배를 채우라.' 언뜻 보면 "배부른 돼지보다 불만족한 인간이 되는 것이 낫다"며 물질보다 정신을 강조한 서양의 철학사조와 대비되어 보입니다. 그러나 배가 실하지 않으면 몸이 건강치 않게 되고 건강하지 않은 몸에선 정신 또한 건강할 수 없으니, 물질과 정신 중 하나를 강조한 게 아니라 둘의 통합을 강조한 거라 해야 옳습니다.

거친 곡식

식량의 근본은 곡식입니다. 농사를 짓기 시작하고부터 인류는 곡식을 먹을거리의 근본으로 삼았습니다. 지금으로 치면 쌀, 밀, 옥수수이고 거기에 더해 보리, 콩, 조, 기장, 수수, 호밀, 귀리, 피 등 이른바 잡곡입니다. 곡식은 아니지만, 또 다른 식량 작물로는 감자와 고구마가 있습니다.

왜 인류는 곡식을 식량의 근본, 곧 주식으로 삼았을까요? 일단 주식은 필수 영양소가 고르게 있어야 하고 매일 먹어도 물리지 않아야 합니다. 곡식은 '씨'입니다. 모든 작물과 식물에는 씨가 있는데, 곡식의 씨에는 필수 영양소가 고르게 들어 있을 뿐만 아니라 독이 없거나 적습니다. 곡식과 달리 과일에는 독이 있는 씨가 많습니다. 잎을 먹는 채소의 씨는 너무 작아서 먹을거리로 삼기 힘들 뿐더러 영양이 고르지 않고요.

그래서 인류가 곡식을 발견하고 농사를 짓게 된 건 가히 혁명적인 사건이라 할 만합니다. 인류가 고기를 먹기 시작하면서 두뇌가 커지고 지능이 발달했다고 하지만 곡식을 먹기 시작한 일만큼 혁명적이지는 않습니다. 곡식을 식량으로 하면서 인류의 문명이 시작됐기 때문이죠. 바로 신석기혁명, 곧 농업 혁명입니다.

우리가 먹는 곡식은 곧 씨니까 씨답게 싹이 나는 걸 먹어야 합니다. 거친 곡식이 바로, 싹이 나는 씨입니다. 곱게 깎은 곡식은 거세된 씨입니다. 백미가 대표적이죠. 백미는 겉껍질인 왕겨만 깎은 게 아니라 속껍질인 쌀겨까지 깎은 곡식입니다. 왕겨는 옷과 같아서 벗겨도 싹이 나는 데 지장이 없지만, 쌀겨는 피부와 같고 거기에 씨눈까지 있어서 깎으면 거세하는 셈입니다. 잘 알다시피 그 피부와 씨눈에 핵심 영양이 다 있습니다. 핵심 영양을 다 버리고 남은 배젖을 우리가 밥으로 먹는데, 여기에는 탄수화물이 많고 약간의 단백질과 그보다 더 적은 지방이 있을 뿐입니다. 이렇게 탄수화물 위주로 밥을 먹으니 비만이 생깁니다. 또 비타민, 미네랄 결핍에서부터 성인병 예방에 좋은 다양한 아미노산 결핍 문제가 발생하고요.

쌀겨에 있는 풍부한 식이섬유를 강조하고 싶습니다. 말하자면 섬유질이 많다는 것인데, 섬유질이 많은 쌀겨가 그대로 살아있는 쌀이 바로 현미입니다. 섬유질이 많은 음식은 소화가 잘 안 됩니다.

현미 또한 소화가 잘 안 될 수 있습니다. 백미에 익숙한 사람은 별안간 현미를 먹으면 소화가 안 되고 심하면 복통에 시달립니다. 하지만 중요한 사실은 현미에 거친 섬유질이 많다 보니 중간에 다 흡수되지 못하고 남아서 대장까지 도달한다는 것이며, 이 섬유질이 대장을 건강하게 해준다는 겁니다.

그런데 왜 사람들은 거친 곡식을 싫어하고 고운 곡식을 좋아할까요? 일단 부자와 상류계층이 고운 곡식을 즐겨 먹은 데 반해 가난한 백성은 거친 곡식을 먹다 보니 편견이 생겨서 그렇습니다. 거친 곡식을 부르는 이름도 저평가되었습니다. '잡곡'이 대표적입니다. 잡(雜)은 원래 '여러 가지'란 뜻인데 실제로는 '티(먼지)', 영어로 'noise' 같은 뜻으로 쓰입니다. 조선 시대 농서들을 찾아보면 잡곡이란 용어를 찾기 어렵습니다. 그만큼 잘 쓰지 않았죠. 잡곡 대신 9곡이나 5곡, 또는 그냥 곡식이나 밥이란 말을 썼습니다.

전통농업 취재 다니며 만난 시골 할머니들이 "곡석"이라는 말을 쓰는 걸 보고 처음엔 알아듣기 힘들었던 기억이 나네요. 사전을 찾아보니 강원도, 경상도, 전라도의 방언이라는데 많은 지역에서 쓴 것으로 봐서 곡식 일반을 통틀어 부르는 말 같습니다. 곡석이 때로는 곡식만이 아니라 음식 전체를 뜻해서 헷갈리기도 했는데, 곰곰 생각해보면 일반 백성의 밥상엔 최소한의 반찬만 올라오고 대부분 고봉으로 담은 곡식 밥 위주로 올라오니 곡식이 모든 음식의 대명사로 쓰였을 법합니다. '곡식'은 밥의 대명사이기도 해서 어느 지역에 가면 밥이 쌀밥을 뜻하는 게 아니라 조(좁쌀)밥을 뜻하기도 했습니다. 벼농사가 잘되지 않는 강원도나 제주도가 그랬습니다. 사실 쌀이란 말도 꼭 벼만을 뜻하지 않고 밥의 대명사처럼 쓰이기도 해서 좁쌀, 수수쌀, 보리쌀, 옥수수쌀이라고도 했습니다.

잡초도 풀을 저평가하는 말이 분명합니다. 사전에서는 잡초를 '가꾸지 않아도 저절로 자라나는 여러 가지 풀'로 정의합니다. 예를 하나 들어보겠습니다. 밭 잡초로 유명한 명아주가 있습니다. 이걸로 어르신을 위한 청려장이란 지팡이를 만들기 위해 따로 재배하기도 합니다. 이 명아주 밭에 우연히 고추씨가 날아와 자라고 있다면 이 고추는 잡초일까요? 잡초의 정의에 따르면 농부가 가꾸지 않았으니 잡초가 틀림없죠. 그런데 시골 할머니들에 따르면 이 또한 풀입니다. 제게는 그냥 고추고요. 그동안 만난 시골 할머니들 대부분은 잡초를 그냥 '풀'이라고 불렀습니다.

조선 농서를 보면, 당시에는 잡초 대신에 황초(荒草)라는 말을 주로 썼습니다. '밭을 황폐하게 만드는 풀'이란 뜻인데, 없애야 할 풀이란 관점에서 보면 잡초보다 황초가 더 정확해 보입니다. 하지만 익숙하지 않은 한자 말이라 쓰기 부담스럽습니다. 그래서 저는 나름의 원칙을 세웠어요. 앞으로 '잡곡' 대신에 '곡식', '잡초' 대신에 '풀'을 쓸 것을 늦었지만 밝혀둡니다.

곡식이 잡곡으로 폄하되면서 거친 곡식은 더 천한 곡식이 되었습니다. 다행이라면 다행인 것은 잡곡이 건강에 좋다는 인식이 퍼지면서 대접이 옛날보다는 좋아졌다는 사실입니다. 그렇지만 입맛을 자극하고 더 맛있는 고운 곡식이 대접받는 건 여전합니다. 얄팍한 입맛은 달고 고소하고 찰지고 바삭한 맛을 추구하기 마련입니다. 요즘엔 특히 빵과 과자가 얄팍한 입맛을 사로잡고 있습니다. 주재료인 밀가루 또한 하얗고 고운 백밀입니다.

밀가루의 맛을 좌우하는 건 글루텐이라는 단백질 혼합물입니다. 글루텐이 들어가야 발효가 잘되고 차진 맛을 냅니다. 서양 밀은 글루텐 함량(12~14퍼센트)이 많아 이른바 강력분으로 빵을 만들기 좋습니다. 강력분보다 글루텐 함량이 적은 중력분(10~12퍼센트)으로 국수(면)를 만들고 박력분(8~10퍼센트)으로 과자를 만들죠. 문제는 글루텐 단백질은 소화가 잘 안 된다는 점입니다. 보통 한약 지을 때 주의 사항으로 약 먹을 동안 밀가루를 먹지 말라고 하는데 바로 글루텐 때문입니다. 우리보다는 그래도 글루텐 소화력이 있는 서양인조차 글루텐을 없앤 밀가루를 먹을 정도로 글루텐은 주식으로 매일 먹어선 안 되는 물질입니다. 게다가 백미처럼 밀도 속껍질과 씨눈을 제거한 하얀 밀가루 위주로 먹어서 더 말썽입니다. 속껍질과 씨눈을 제거하면 글루텐 함량이 높아지고, 글루텐 문제를 조금은 중화해주는 씨눈과 속껍질 속 영양물질이 없어지거든요.

우리 토종 밀은 중력분이나 박력분이어서 글루텐 문제가 덜합니다. 저는 20년 넘게 토종 밀을 재배해서 먹고 있는데 밀기울(속껍질과 씨눈)을 제거하지 않고 통밀로 먹어요. 통밀밥을 먹고, 통밀을 갈아서 통밀가루로 만들어 먹습니다. 통밀가루는 찰지지 않아 푸석하지만, 밀의 구수한 맛이 그대로 살아있어 수제비를 해 먹으면 국물 맛이 그만이에요. 통밀가루에서 구수한 미숫가루 향이 날 정도입니다. 그렇지 않아도 글루텐 함량이 적은데 통밀로 먹으니 더 함량이 떨어져서 서양 밀(수입 밀)에 비해 전혀 문제가 되지 않는다고 생각합니다. 저는 의외로 밀에 민감한 편이에요. 수입 밀로 만든 빵이나 국수를 많이 먹으면 속이 적잖이 불편한데, 우리 밀로 만든 수제비는 아무리 많이 먹어도 속이 불편하기는커녕 편하기까지 해요. 둘의 차이를 확실히 알 수 있습니다.

빵과 과자 다음으로 지적하고픈 고운 곡식은 기름진 백미보다더 곱고 찰진 찹쌀입니다. 요즘은 찹쌀로 만들지 않는 떡이 없을 정도입니다. 메곡식으로 만든 메떡은 보기 힘들죠. 앞의 절기 음식 얘기에서 말했듯이 찹쌀떡은 겨울에 먹지 사시사철 먹는 음식이 아닙니다. 옛날엔 겨울밤의 정겨운 풍경 중 하나가 밤이면 나타나는 찹쌀떡 장수의 "찹쌀떠억~메미일~묵" 소리였습니다. 그 소리는 여름밤엔 절대 들을 수 없었습니다. 여름에 먹는 음식이 아니었으니까요. 따뜻한 음식인 찹쌀떡과 차고 소화가 잘되는 음식인 메밀묵은

긴긴 겨울밤 야식으로 괜찮은 먹을거리 조합입니다. 메밀은 글루텐이 없고 루틴이 풍부해 고혈압과 동맥경화 예방에 탁월합니다.

요즘 야식으로 즐겨 먹는 치킨과 맥주, 이른바 '치맥'은 건강을 망가뜨리는 먹을거리입니다. 기름에 튀긴 치킨은 고열량 음식인데 거기에다 술을 곁들이니 맛은 좋을지 모르나 몸에는 어떻겠어요? 이런 조합이 국민 야식이라 해서 널리 퍼진 것을 보면 참으로 걱정입니다. 가난하지만 지혜가 있었던 옛날 야식 문화가 그립습니다.

다음으로 걱정되는 고운 곡식이 옥수수입니다. 옥수수를 주식으로 하면 비타민B3, 곧 니아신(Niacin) 결핍으로 인한 질병에 걸리게 되는데, 이른바 펠라그라(Pellagra, 홍반병)라는 피부병입니다. 피부가 붉어지고 발진이 생기면서 심해지면 설사가 나고 우울증과 환각증 같은 정신질환까지 일으킵니다. 중남미에서 유럽으로 옥수수가 들어가면서 많은 유럽인이 이 병으로 고생했습니다. 중남미 원주민은 조개껍데기를 갈아 만든 생석회 물이나 나무 잿물에 옥수수 알을 담갔다가 껍질을 벗겨 먹었는데요, 이렇게 하면 불용성 니아시틴이 우리 몸이 흡수할 수 있는 니아신으로 바뀌어 병을 예방할 수 있죠. 원주민은 펠라그라 예방법을 알고 있었던 겁니다. 하지만 원시적이라며 그 방법을 무시하고 옥수수만 가져간 이들은 곤욕을 치렀습니다.

그뿐 아니라 인디언은 콩과 호박 등을 가루 내서 옥수수와 섞어 먹음으로써 비타민 결핍을 보완할 수 있었습니다. 그러나 유럽에선 비타민 결핍을 보완할 다른 음식을 구할 형편이 못 되는 남부 유럽의 가난한 농민들이 주로 펠라그라에 걸렸습니다. 이후 아프리카와 북한이 옥수수를 대체 식량으로 했다가 같은 질병에 시달렸습니다. 우리나라도 한국전쟁 뒤 미국의 원조 식량으로 들어온 옥수숫가루를 먹고 가난한 사람들이 펠라그라에 걸렸습니다. 그때 개발된 유명한 영양제가 '삐콤씨'입니다.

옥수수 또한 주식으로 먹기보단 곱게 갈아서 가끔 먹는 부식으로 먹어야 합니다. 당연히 갈지 않고 알갱이 채 거칠게 먹어야 좋습니다. 쌀겨 깎듯이 옥수수알 껍질을 깎아버리면 필수 아미노산, 비타민이 풍부한 씨눈까지 사라져 펠라그라 같은 비타민 결핍증에 걸릴 수 있습니다.

요즘 옥수수로 인한 문제는 펠라그라보다 더 심각한데 사람들이 잘 모릅니다. GMO(Genetically Modified Organism, 유전자 조작 생물) 옥수수가 광범위하게 퍼지면서 우리 밥상을 점령하고 있습니다. 옥수수 전분을 원료로 해서 만드는 전분당은 빵, 위스키, 맥주, 감미료 등의 재료로 널리 사용되고 있으며, 포도당과 액상과당은 설탕 대용 감미료로 각종 식품, 아이스크림, 치약 등에 쓰이고 있습니다. 그리고 옥수수 배아, 곧 씨눈에는 지방질이 풍부해서 그걸로 식용유를 만드는데, 쓰임새가 매우 광범위해 옥수수기름이 들어가지 않는 튀김 재료가 없을 정도입니다. 그러니까 옥수수가 들어가지 않는 가공식품이 없다고 보면 됩니다. 게다가 외식 음식에 폭넓게 쓰이고 있으며, 그것도 대부분 GMO 옥수수가 쓰이니 우리는 매일 GMO 옥수수를 먹고 사는 셈입니다. GMO 식품 및 GMO 옥수수에 대해선 뒤에서 따로 세밀하게 다루겠습니다.

콩, 조, 보리 그리고 고구마

이제 좀 더 깊이 들어가서 우리가 주식으로 삼았던 오곡을 중심으로 이야기를 풀어보겠습니다. 지금은 오곡이라고 하면 벼와 콩을 기본으로 해서 지역에 따라 다른 곡식이 들어가지만, 조선 시대에는 벼를 포함하지 않았습니다. 조선 후기 유학자 서유구가 쓴 대표적인 농서 《임원경제지》〈본리지〉를 보면 오곡에 벼는 들어가지 않는다고 명확히 이야기하고 있습니다. 그 까닭을 들어보니 고개가 끄덕여지는 점이 있습니다. 말하자면 벼는 위아래 백성 모두가 고르게 먹을 수 있는 곡식이 아니기 때문이라는 겁니다.[4] 농사가 어렵고 벼가 귀한 먹을거리인 시절이라 백성 모두가 아닌, 잘 사는 상류 계층이나 먹을 수 있는 곡식이었던 거죠.

벼와 달리 모든 백성이 쉽게 농사지어 먹을 수 있고 영양공급원으로 훌륭한 곡식이 콩이었습니다. 서유구보다 앞선, 실학자의 선구로 알려진 성호 이익은 백성의 곡식으로 콩을 강조하고, 콩을 널리 보급하기 위해 콩죽, 콩나물, 된장을 먹으며 시를 짓는 삼두회(三豆會)를 매년 열었습니다. 우리는 벼 민족이라 할 만큼 벼를 사랑하지만, 사실 따지고 보면 벼보다 콩이 더 쓰임새가 많았습니다. 당시 백성들에겐 벼보다 더 요긴한 곡식이 콩이었습니다. 밥밖에 쓰임새가 없는 벼와 달리 콩은 밥으로 쓰였을 뿐 아니라, 장의 원료로 쓰였고 콩나물처럼 나물로도 쓰였습니다. 성호 선생이 만든 삼두회는 콩의 여러 쓰임새를 장려하기 위한 모임이었을 겁니다.

저는 무엇보다 콩 농법이 아주 쉽다는 사실에 주목하고 싶어요. 콩은 벼처럼 물이 필요 없고 땅을 갈지 않아도 되며 비탈밭에서 농사를 지을 수 있습니다. 더 중요한 사실은 도정(껍질 벗기기)하지 않고 바로 먹을 수 있다는 점입니다. 한마디로 말해 호미 한 자루만 있으면 얼마든지 농사지어 먹을 수 있죠. 거름이 필요 없고 수확한 밭에서 바로 탈곡할 수 있으니 따로 타작마당이 필요 없습니다. 이런 이유로 소작 지배권을 행사해야 하는 지주들이 콩 농사를 별로 좋아하지 않았으리라 추정해봅니다.

반면 벼농사는 지주가 얼마든지 소작 지배권을 행사할 수 있었습니다. 지주는 저수지를 만들어 물을 통제하고 귀한 소를 빌려줍니다. 수확 때는 자기 집 넓은 마당을 타작마당으로 쓰게 해주고요.

비싼 방앗간까지 운영하면 지배는 더 심해집니다. 일제강점기 때 30퍼센트에 불과했던 논을 50퍼센트로 확대하고 저수지를 곳곳에 만들어 한반도의 농업을 쌀 공출 기지로 개편하면서 논 중심의 지주 지배를 강화한 것도 같은 이유로 이해할 수 있습니다. 벼는 귀한 곡식, 콩은 천한 곡식이라는 문화적인 선입견은 벼농사를 중심으로 한 식민 통치의 결과가 아닌가 합니다.

옛날에는 논둑에 콩을 심은 풍경이 많았는데 여기서도 재밌는 통치 문화를 엿볼 수 있습니다. 원래 논에 심은 벼에는 소작료를 매기지만 논둑에 심은 콩에는 소작료를 매기지 않았습니다. 콩만큼은 소작료를 면제함으로써 소작인이 숨 쉴 수 있는 여유를 주고, 산 같은 곳에 가서 숨어 농사짓지 못하게 하는 효과를 얻었죠. 지주가 의도하지는 않았겠지만, 벼와 콩의 혼작 문화를 퍼뜨린 긍정 효과도 있었을 겁니다.

콩 다음으로 백성에게 중요한 곡식이 조와 보리였습니다. 여기에 기장이나 수수, 귀리, 피 등이 들어가 지역의 특성에 맞게 오곡을 구성했습니다. 조와 보리는 전국 어디에서나 농사지을 수 있는 주식 작물이었습니다. 벼는 물 사정이 그나마 나은 곳에서 가능했기에 관수가 거의 되지 않는 지역은 조와 보리가 주식이었습니다. 대표적으로 강원도와 제주도 산간 지방에서 조 농사가 벼를 대신했습니다. 강원도는 옥수수로 유명하지만, 옥수수가 들어오기 전에는 조가 주식이었습니다. 옥수수는 사실 지력을 많이 빼먹는 곡식이라 그렇지 않아도 척박한 강원도 땅을 더 척박하게 만들었을 겁니다.

마지막으로 권하고 싶은 먹을거리는 고구마입니다. 고구마는 곡식이 아니지만, 식량 작물에 들어갑니다. 밥도 되고 반찬도 됩니다. 고구마 줄거리는 맛이 좋고 영양이 훌륭한 채소거리입니다. 저는 고구마 열매보다 줄거리를 더 좋아해요. 고구마가 무성하게 자라면 뿌리 열매 잘 자라라고 넝쿨 뻗어 새로 내린 뿌리를 들춰주고 무성한 가지를 솎아냅니다. 그걸 버리지 않고 물을 끓여 삶은 다음 나물 반찬을 해 먹으면 구수한 맛이 끝내줍니다. 생선 조릴 때 밑에 깔아도 맛있고 육개장에 넣어 끓여 먹어도 좋습니다.

그래도 역시 고구마는 뿌리 열매를 밥으로 먹을 때 제 역할을 합니다. 요즘 대세는 군것질로 먹는 고구마여서 단맛이 많이 나게 육종합니다. 밤고구마는 이미 옛날 것이고, 얼마 전까지 호박고구마가 주로 심어졌다면 최근엔 꿀고구마가 대세죠. 얼마나 달면 꿀고구마겠어요? 차라리 꿀을 먹지….

고구마를 밥으로 먹으려면 토종 고구마를 심어야 좋습니다. 달지 않아서 밥으로 먹어도 물리지 않습니다. 토종 고구마는 특유의 구수한 향이 있어 줄거리 나물도 맛있습니다. 토종 고구마를 쪄서 밥 대신 먹으면 처음 먹는 사람은 '고구마 맛이 왜 이래?' 하며 달지 않은 맛에 실망하기 십상이지만, 먹다 보면 깊은 맛에 은근히 빠집니다. 하루 세끼 먹기 부담스러운 겨울엔 저녁이나 점심 한 끼 정도를 간단히 고구마와 김치로 때우면 요긴합니다. 고구마만큼 훌륭한 구황작물은 많지 않을 듯합니다.

고구마 농사의 장점은 거름을 많이 주지 않아도 되고 연작해도 피해가 없다는 점입니다. 전혀 토양을 갉아먹지 않습니다. 오히려 무성하게 땅을 덮어줘 여름 장마 때 폭우로 인한 토양 유실을 막아주죠. 대단한 성장세가 풀에 경쟁할 힘을 주니 다른 작물에 비해 일이 적습니다.

아마 콩보다도 땅을 가리지 않는 작물이 고구마일 겁니다. 물잘 빠지고 햇빛 잘 들면 무난합니다. 사막 지역에서도 가능해 사막화 예방 작물로 활용할 수 있습니다. 재배 적합 지역이 폭넓고 생육 기간은 100~130일로 적당히 짧습니다. 단위 면적당 생산량과 식량 영양 가치도 감자, 벼, 옥수수보다 높고요. 또한 식량 작물답게 탄수화물이 풍부합니다. 그 외 섬유질, 단백질, 미네랄을 함유하고 있으며 비타민과 칼륨 함량이 꽤 높습니다.

식량난을 겪는 아프리카나 북한에서 고구마는 훌륭한 대안 작물이 될 수 있습니다. 이 지역들은 옥수수나 감자를 대안 작물로 했다가 실패한 경험이 있습니다. 특히 북한은 옥수수만이 아니라 감자를 대안 작물로 추진했다가 실패를 겪어야 했죠. 앞에서 말했듯이 옥수수는 지력을 엄청나게 빼먹어 지속 가능한 작물일 수 없습니다. 감자 또한 옥수수만큼은 아니어도 비료를 많이 먹고 특히 병에 약해 대안 작물이 되기 어렵습니다. 최근 고구마의 일종인 카사바(Cassava)를 병해충에 강하고 수확량이 많도록 개량 육종해 아프리카 기아 문제 해결과 식량 자급에 이바지한 한상기라는 한국 농학자가 화제였습니다. 외부 작물을 도입하기보다 아프리카 환경에 적응해 온 전통 작물을 이용해 식량 문제를 해결한 그 자세와 혜안이 참으로 돋보입니다. "농민의 왕"이라는 칭호는 단순한 명예가 아니었어요. 이분은 아프리카에서 실제 추장으로 추앙받았습니다.[5]

이렇게 좋은 고구마도 약점이 있으니 보관이 까다롭다는 겁니다. 수확할 때 조금이라도 상처가 나면 썩기 쉽고 영상 10도 이하에서 보관하면 냉해를 입어 잘 썩습니다. 그래서 예부터 고구마는 구들방 머리맡에 둬야 한다고 했습니다.

저는 고구마를 자랑하기 위해 사람들에게 이런 말을 만들어 들려주곤 해요.

"고기를 먹으면 사람 성격이 사나워지지만, 고구마를 먹으면 사람 성격이 착해집니다."

그러면 사람들이 의아한 눈빛으로 왜 그러냐고 물어요. 그럼 이렇게 대답합니다.

"힘이 달려 그렇죠."

사람들은 잠깐 갸웃거리다 금방 박장대소합니다. 고기는 고열량 음식인 데다 단백질이 풍부하지만, 고구마는 단백질이 적고 열량이 낮으며 섬유질, 미네랄, 칼륨 같은 것만 많습니다. 그래서 이런 말이 있죠. "감자는 썩을 때 시끄럽지만 고구마는 썩을 때 조용하다." 녹말을 받기 위해 감자를 물에 담가 썩힐 때 냄새를 맡아 본 사람은 압니다. 거의 똥 냄새가 난다는 걸. 감자는 고기보다 적지만 고구마에 비하면 제법 많은 단백질을 함유하고 있어서 고기 썩는 냄새가 납니다. 반면 고구마는 썩더라도 전혀 냄새가 나질 않아 알 수가 없어요. 그래서 "조용히 썩는다"고 한 겁니다.

토마토도 고구마처럼 썩을 때 냄새가 나지 않습니다. 한번은 냉장고를 뒤지다 검은 비닐 안에 뭔가 잔뜩 썩은 음식을 발견했는데 전혀 냄새가 나지 않더군요. 궁금해서 손가락으로 휘저으니 토마토 씨가 보였어요. 토마토는 거의 섬유질, 미네랄만 있다는 뜻이죠. 그래서 토마토를 그렇게 몸에 좋은 음식이라고 하는 모양입니다. 저도 물론 토마토를 좋아해 매년 심고 있지만, 그래도 토마토보다 고구마가 더 훌륭한 작물이라고 강조해요. 일단 토마토는 주식이 될 수 없고, 재배하는 데 많은 거름과 물, 농자재가 필요합니다. 게다가 토양을 지키는 피복 효과가 고구마보다 떨어집니다. 그래서 저는 고구마 예찬론자가 되었습니다.

거친 채소

서양은 샐러드 채소를 잎사귀 위주로 먹지만, 우리는 절이거나 발효시키거나(김치) 데치거나(나물) 말려서(묵나물) 잎줄기 위주로 먹습니다. 말하자면 우리는 거친 채소를 먹죠. 거친 채소에는 섬유질이 많고 미네랄과 비타민이 풍부합니다. 반면 탄수화물, 지방, 단백질은 거의 없어 밥으로 적절치 않고 반찬으로 제격입니다. 그리고 거친 채소는 대장에 아주 좋은 먹을거리입니다. 유익한 미생물이 좋아하는 섬유질은 잎사귀보다 잎줄기에 더 많은데, 그 줄기를 절이고 데치고 말리고 발효시켜 미생물을 늘려 먹으니 대장이 좋아하지 않을 수 없습니다.

그럼 우리는 왜 거친 채소를 먹게 되었을까요? 우리나라는 채소 농사가 잘되지 않기 때문입니다. 우리의 겨울은 춥습니다. 다 얼어 죽어서 겨울을 견디는 채소가 거의 없습니다. 반면 여름은 덥고 비가 많이 와서 채소가 녹아내리거나 병에 시들어버립니다. 채소가 자랄 수 있는 때는 봄과 가을, 그중에서도 영상 15~20도 정도는 돼야 하니 제한적일 수밖에 없습니다. 게다가 우리나라는 비가 주로 장마철에 집중해서 쏟아져 내리고 흙 속에 돌이 많아 비를 제대로 저장하지 못해서 가뭄이 심합니다. 물을 좋아하는 채소엔 결코 좋은 환경이 아니죠. 이런 환경에선 채소보다 상대적으로 가뭄에 강한 곡식 농사가 잘됩니다. 그래서 옛날 우리 들녘엔 거의 다 곡식뿐이었습니다. 채소는 물 주기 수월한 집터에 딸린 텃밭에서나 키울 수 있었습니다.

야생에서 절로 자라는 식용 풀, 곧 들나물은 더 거칠었습니다. 거친 풀이라면 질경이가 제일일 텐데요. 길가에서 사람 발에 밟히면서 자라는 풀이 얼마나 거칠고 질기면 이름이 질경이겠어요? 질경이는 발에 밟힐수록 맛있다고 합니다. 아마 발에 밟혀 짓이겨지면 부드러워져서 그럴 겁니다. 질경이 씨앗은 약간 끈적거리는 물질로 코팅돼 있는데, 사람 발에 묻어 여기저기 옮겨지면서 번식하는 특성 때문에 밟힐수록 맛있다는 말이 생겼을 수도 있습니다. 아무튼 질기긴 얼마나 질긴지 끓는 물에 데치는 정도보다 더 세게 삶은 뒤 기름 둘러 볶아야 비로소 먹을 수 있습니다. 그렇게 해도 여전히 질긴 맛이 남아 있는데, 먹어본 사람은 알겠지만 고기 씹는 식감이 나서 아주 먹을 만합니다.

서울의 한 도시 텃밭에 견학하러 온 타이완의 도시농부들을 안내한 적 있어요. 밭둑을 걷는데 질경이가 있어서 혹시 이 풀 먹느냐고 물어보니 황당한 표정을 지으며 어떻게 이런 풀을 먹느냐고 하더라고요. 하긴 타이완은 따뜻한 나라라 사계절 싱싱하고 부드러운 채소가 넘쳐나니 질경이 같은 풀을 먹을 일이 없겠죠. 실제로 타이완처럼 따뜻한 베트남에 가보니 채소가 얼마나 많은지 신기했던 기억이 생생합니다. 베트남은 전쟁 뒤 미국이나 서구로 망명한 보트피플이 자신들의 풍부한 채식 문화를 그 곳에 퍼뜨린 것으로 유명합니다. 베트남에서 채식 문화의 발달은 불교의 영향이 있겠지만, 무엇보다 채소 농사가 잘되는 환경 덕분입니다.

이런 나라들과 비교했을 때 우리는 채소 농사가 잘되지 않는 대신 질경이처럼 야생에서 자라는 식용 풀이 많습니다. 물론 야생의 풀도 겨울과 여름에 약하기는 하지만 재배 채소보다는 강합니다. 겨울을 견딘 풀, 아직 추위가 남은 이른 봄부터 싹을 틔우는 풀은 먹을 게 귀한 철에 요긴한 먹을거리입니다. 그중 냉이가 이른 봄나물로는 제일 유명합니다. 빠르면 가을에 싹을 틔워 겨울을 난 놈을 입춘(2월 4일쯤)이면 먹을 수 있고, 새로 싹을 틔운 놈은 늦어도 경칩(3월 4~5일)부터 먹을 수 있습니다. 봄의 들나물이 억세져서 독이 올라와 먹지 못하는 단오(음력 5월 5일)까지는 쑥과 취나물을 비롯해 먹지 못 하는 풀이 없을 정도로 많은 먹을거리가 올라옵니다.

물론 야생 나물도 요즘엔 재배를 많이 해서 부드럽고 향이 강하지 않지만, 재배 채소나 서양 샐러드 채소에 비하면 거친 채소라 할 만합니다. 이런 야생 나물은 다년생이 많고 음지나 반음지를 좋아해 겨울을 잘 나고 산에서 잘 자라 산나물이라 부릅니다. 산나물은 한여름의 양지를 싫어합니다. 그늘 드리우는 유실수 밑에 산나물을 심으면 좀 더 오래 먹을 수 있습니다. 토마토, 오이, 호박 등 크고 무성하게 자라는 일년생 여름 작물을 함께 심어줘도 산나물을 오래 먹을 수 있습니다.

봄 한철 먹을 수 있는 산채 나물이 많지만, 환경만 잘 맞춰주면 겨울 전까지 줄곧 먹을 수 있는 나물도 제법 있습니다. 전호, 파드득, 방풍, 참나물이 대표적이죠. 야생으로 자라 여름에 먹을 수 있는 거친 채소 또한 적당히 있습니다. 명아주, 참비름, 쇠비름, 머위가 대표적이죠. 이런 나물들은 말한 대로 거칠어서 샐러드 생채소로 이용하기는 힘듭니다. 데치거나 삶거나 말려서 먹어야 합니다. 간장에 절여 장아찌로 해 먹어도 좋고요. 때를 놓쳐 이미 억세져서 먹기 힘들면 마지막으로 떡을 해 먹는 방법이 있습니다. 억세진 풀을 푹 삶아 쌀과 함께 갈아서 떡을 하는데 쑥떡, 수리취떡이 유명합니다.

그 외에 독특한 풀은 단연 곤드레(고려엉겅퀴)입니다. 곤드레는 군락을 지어 많이 자라고 나물 중에서 특이하게도 단백질을 많이 함유하고 있어 식량 대용이 가능합니다. 그게 바로 곤드레밥입니다. 담백하고 별 특이한 맛이 없어서 매일 먹어도 물리지 않아 밥이 가능했습니다. 뭐든지 맛있는 음식은 금방 물리기 마련이죠. 하지만 요즘 곤드레밥은 옛날과 너무 다릅니다. 원래는 대부분 곤드레이고 밥이래야 보리밥 한 숟갈, 양념으로는 된장 한 숟갈이 전부였죠. 그런데 요즘엔 밥이 제일 많을 뿐더러 고소한 양념장 맛으로 먹습니다. 그야말로 곤드레는 시늉에 불과하니 그게 과연 건강식일지 의문입니다.

거친 채소는 가을에도 끊이지 않습니다. 사실 우리의 가을은 본격적인 채소의 계절입니다. 가을 상추는 문 걸어두고 먹는다느니, 가을 아욱국은 사위에게만 준다느니 하는 속담이 맛있는 가을 채소의 맛을 상징합니다. 가을 채소는 다가올 겨울을 대비해 몸속 물을 빼고 단 성분을 축적해 둬서 달면서 식감이 좋습니다. 감칠맛이 있고 먹으면 속이 편합니다. 얄팍한 입맛보다 깊은 맛이 우러나죠. 반면 봄에는 꽃을 피우고 씨를 맺기 위해 양분을 모으느라 잎이나 줄기가 금방 초라해집니다. 물론 추운 겨울을 나고도 맛 좋은 채소가 많지만, 곧 꽃을 피워야 하기에 한철입니다.

매년 저는 직접 농사지은 배추로 김장을 담가요. 배추뿐 아니라 모든 재료가 다 토종 씨앗으로 키운 것들입니다. 배추는 제주도 서귀포 대정읍 구억리에서 구한 구억배추, 무는 경기도 이천의 게

걸무와 만주 조선족 동포에게서 얻은 연길무, 고춧가루는 강원도 평창군 대화면 재래종인 대화초, 파는 전북 무주의 재래종 대파, 마늘은 서산 재래 마늘입니다. 그리고 토종 앉은뱅이 밀로 풀죽을 쑤어 넣었는데, 요즘엔 풀죽을 넣지 않습니다. 외부에서 구한 것은 소금과 젓갈뿐입니다. 소금은 2년 넘게 간수를 뺀 천일염이고, 멸치 액젓은 장모님이 달여주셨고, 새우젓은 선물 받았습니다.

재료를 보면 알겠지만, 양념이 단출합니다. 음식은 원재료 맛으로 해야지 양념 맛으로 하는 게 아니라고 배웠습니다. 고춧가루는 아주 매워서 많이 넣을 수 없으니 시뻘건 요즘 김치와 다르게 희멀겋습니다. 배춧속에 양념을 넣지 않고 배추에 구경시켜줄 정도로 쓱 묻히기만 해요. 그래야 배추 맛이 살거든요.

주재료인 배추에 속이 없다는 점도 요즘 배추와 조금 다릅니다. 배춧속이 꽉꽉 차지 않아 겉만 있는 푸르뎅뎅한 배추입니다. 보통 배추보다 한 달은 늦게 심어서 크지도 않아요. 요즘 일반적으로 먹는 배추는 일찍 심고 속이 꽉 차서 아주 큽니다. 그런데 제 배추는 그에 비하면 1/3 겨우 됩니다. 속이 없고 크기도 작아 버리는 잎이 거의 없죠. 남들이 보면 저런 걸로 무슨 김장을 하냐고 비아냥거리기 십상입니다. 구억배추는 여느 토종 배추와 다르게 속이 차는 배추지만, 제가 심는 구억배추는 늦게 심고 거름을 적게 줘서 속이 거의 없습니다. 그전에는 개성배추를 심었지만, 구억배추를 날로 먹어보고 그 맛에 반해 줄곧 이놈만 심어요. 쌉쓰레하면서 시원한데다 달콤한 듯 개운한 뒷맛이란….

매년 담그는 김장인데 이 김치를 먹을 때마다 감동입니다. 씹는 식감은 말할 것도 없고 다른 반찬이 별로 필요치 않아요. 옛날로 치면 넣은 재료가 별로 없는 전형적인 가난한 집의 김치, 거친 김치입니다. 하지만 먹고 나면 배 속이 그리 편할 수가 없고 아침에 영락없이 보게 되는 변은 또 얼마나 시원한지…. 먹어보지 않으면 알 수 없는 맛입니다.

우리 거친 채소의 다양성을 더욱 풍성하게 해주는 게 장아찌와 묵나물, 말랭이입니다. 보드랍고 맛있는 채소를 오래도록 먹고 싶은데 봄, 가을 한철밖에 먹을 수 없으니 거칠고 억센 채소를 가공해 먹는 거죠. 그런데 막상 가공해보니 반전이 일어났습니다. 보드라운 생채소엔 없는 새로운 차원의 맛과 영양이 드러났죠. 구수한 듯 뭐라 말로 표현하기 힘든 깊은 맛이 만들어졌습니다. 무를 짤막하게 잘라 말리는 무말랭이는 건조하면 칼슘이 풍부해집니다. 무 줄기를 말리는 시래기도 마찬가지고요. 놀랍습니다.

맛장으로 담그는 장아찌와 달리 소금으로 아주 짜게 담그는 짠지의 맛은 참으로 역설적입니다. 무짠지, 오이지, 고추 짠지가 대표적이죠. 그냥 소금만 넣어서 아주 짜게 담갔는데, 더운 여름에 푹 삭은 짠지를 꺼내 맹물에 담아 소금기를 적당히 우려낸 다음 파 송송

썰어 넣어 먹으면 진짜 그 맛이 그만입니다. 짜기만 한 짠지가 왜 그리 감칠맛이 있는지 먹어보지 않고는 알 수 없습니다.

　거친 채소 덕분에 우리는 채소를 많이 먹게 되었습니다. 삶아서, 말려서, 절여서 먹으면 나물 부피가 팍 줄어들어 자연히 많이 먹게 됩니다. 발효, 곧 익혀 먹어도 많이 먹게 되죠. 채소가 거칠지 않으면 이렇게 가공하지 못합니다. 이렇게 보면 우리는 사시사철 끊임없이 채소를 먹습니다. 사실 우리의 밥상은 풀 밥상이었습니다. 가난한 밥상을 보곤 순 풀떼기뿐이라고 했지만, 이처럼 훌륭한 채식 밥상도 없었습니다.

들나물, 산나물, 해산물

우리가 먹는 나물 채소는 매우 다양합니다. 키워 먹는 채소 작물로는 김치거리가 아마 제일 많을 것이고 반찬거리도 다양합니다. 반찬거리 잎채소류로 시금치, 아욱, 상추, 근대, 들깻잎, 호박잎, 토란 줄거리, 고구마 줄거리, 쑥갓 등이 있고 과채류로 고추, 가지, 토마토, 오이, 호박, 박, 동아 등이 있죠. 곡식이지만 나물로 먹는 나물콩과 깍지 채로 나물처럼 먹는 갓끈동부콩 등도 있고요. 양념 채소는 또 어떻습니까? 마늘, 대파, 쪽파, 부추, 양파, 달래, 염교 등이 대표적입니다. 그중에 마늘을 잠깐 소개하고 다음으로 넘어가겠습니다.

마늘은 여러모로 희한한 작물입니다. 일단 인간이 재배하는 작물 중 제일 수확량이 적습니다. 마늘은 하나 심으면 6개밖에 나지 않습니다. 물론 이는 육쪽마늘 이야기지만, 그보다 많이 열리는 논

마늘도 하나 심으면 12~13개 나는 게 고작입니다. 이에 반해 곡식은 수확량이 어마어마합니다. 벼는 하나 심으면 1,000~3,000알을 얻을 수 있고, 조는 1만 알 가까이 얻을 수 있죠. 어떤 사람이 조 이삭 한 개에 달린 낱알을 직접 세어 봤답니다. 참 일없는 사람 같지만, 그 진지한 호기심에 존경심이 일었습니다. 결론은 8,800개 정도였답니다. 그런데 마늘은 6개 겨우 얻을 수 있다니 한심한 마음이 절로 납니다.

그러나 관점을 바꿔보면 이야기가 달라집니다. 질적인 관점에서 1,000알, 1만 알 나올 에너지와 양분이 6알에 모여서 쌓였다고 생각해보세요. 그러니까 질로 보자면 우주 자연의 에센스가 집약된 겁니다. 게다가 늦가을에 심어 겨울의 혹한을 견뎌낸 에센스는 보통을 넘습니다. 이렇게 우주 자연의 기운이 집약된 마늘이기에 우리 조상은 곰이 마늘을 먹고 사람이 되었다고 상상했던 것 같습니다. 서양에서 흡혈귀 드라큘라를 마늘로 막았다는 걸 보면 마늘의 가치는 세계 공통으로 인정받았다고 할 수 있습니다.

마늘을 먹은 곰은 인간 중에서도 여자가 되어 우리의 조상인 단군 할아버지를 낳았습니다. 아내를 '마누라'라고 한 까닭이 마늘 먹고 여자가 돼서 그런가 싶은 생각마저 들었습니다. 옛날에 '마누라'는 높임말이었습니다. '마'가 높임의 접두사거든요. 사극을 보면 임금을 상감마마라고 하거나 윗사람을 마님이라고 하지 않습니까?

마늘도 귀한 작물이라 그렇게 이름 붙인 것은 아닌지 모르겠습니다.

하여튼 우리는 마늘의 후손답게 세계에서 마늘을 제일 많이 먹습니다(1인당 소비량 기준). 두 번째로 많이 먹는 나라의 다섯 배나 먹죠. 1997년 일본 도쿄에서 한일 축구 경기가 열렸는데, 한국이 2:1로 극적인 역전승을 거두자 한국 선수들의 저력에 놀란 일본인들이 그 힘의 원천을 마늘에서 찾았다고 합니다. 마늘을 세계 제일로 먹기도 하지만 아마 우리 몸에서 나는 마늘 냄새가 그런 결론을 내리게 한 모양입니다. 그 일로 일본에 마늘 먹기 열풍이 불었다고 합니다. 남에게 냄새 풍기기 싫어서 휴일 전날인 금요일 저녁 회식 때 먹는 풍경이 퍼져, 금요일 밤 지하철에 마늘 냄새가 진동했다는 웃지 못할 이야기가 돌았습니다.

저는 마늘을 참 좋아해 농사지은 지 20년 넘도록 한 번도 거르지 않고 심고 있습니다. 맛도 맛이지만 재배하는 재미가 쏠쏠합니다. 특히 겨울을 나고 봄이 돼 새싹 올라올 때의 모습은 참으로 감동입니다. 24절기로 춘분 전후에 올라오는데, 어리디어린 새싹이지만 그 기운은 단연 최강이라 자부합니다. 이때는 마늘만이 아니라 모든 생명이 겨울잠에서 깨어나 다시 소생하는 철입니다. 기독교에서 크리스마스 못지않게 중요시하는 부활절이 바로 이때입니다(춘분 다음의 음력 보름쯤 만월 지나 첫 번째 일요일이 부활절). 종교가 없는 저조차 춘분에 싹을 올리는 마늘을 보면서 '참으로 부활하기 딱 좋은 철이구나' 해요. 예수님이 한 개인이 아니라 모든 생명을 대표하는 분이라면, 춘분에 겨울잠에서 깨 부활하는 모든 생명이 사실 예수님일 수도 있겠다는 생각을 해봤습니다.

그런데 제가 더 강조하고 추천하고픈 것은 심지 않고 절로 나는 자연산 들나물, 산나물과 바닷가에서 절로 나는 해물, 해초예요. 자연산 나물에 대해서는 앞의 절기 음식과 거친 채소에서 어느 정도 소개했으니 여기선 자연산 먹을거리의 의미를 간단히 짚고 넘어가겠습니다.

사람은 농사지은 먹을거리만 먹지 말고 자연에서 나는 먹을거리를 함께 먹어야 합니다. 농사지은 것만 먹으면 자연 파괴의 위험이 커집니다. 농지를 확대하려고 숲을 개간하기 때문이죠. 그러나 자연에서 절로 나는 것을 먹으면 자연을 지키게 됩니다.

자연은 내버려 둔다고 지켜지지 않습니다. 일궈야 지켜집니다. 예를 들면 사용하지 않는 숲은 너무 무성해져 햇빛이 들지 못해요. 우산효과 때문에 빗물이 숲속에 고루 스며들지 못해 하천 범람과 산불의 원인이 됩니다. 게다가 바닥에 낙엽이 수북이 쌓여 나물이 자라지 못하고, 익어서 떨어진 밤톨이나 도토리를 낙엽이 가려 그걸 먹이 삼는 다람쥐, 토끼, 청설모 등이 살기 힘들어집니다. 그뿐 아니라 먹이사슬 생태계가 제대로 작동하지 않아 생물다양성이 감소합니다. 숲은 무성해졌지만 보이지 않는 사막 같은 현상이 커집니다.

우리가 이런 숲속에서 야생의 먹을거리를 구하면 숲을 가꾸는 효과가 나타납니다. 땔감을 구하기 위해 숲속 잡목을 솎아 베어내고 거름을 얻기 위해 낙엽을 긁어모으면 숲에 적당히 바람이 통하고 햇빛이 스며듭니다. 그러면 나물이 잘 자라고 산불이 적어집니다. 빗물도 숲속에 고루 스며들어 지하수가 됩니다. 그리고 적절한 사냥으로 숲속 짐승 개체수 조절 효과를 얻을 수 있습니다.

이렇게 숲을 적절히 활용하지 않고 전부 농사로 먹을거리를 얻으려 하면, 농지는 단작화되고 단작화는 필연적으로 규모화와 이에 따른 숲 파괴로 이어집니다. 그뿐 아니라 비닐하우스 재배와 같은 고투입 농사가 발달하고 수입 농산물이 늘어나게 됩니다.

이런 농경 문화는 농지와 숲의 경계를 더욱 차단해서 '경계'의 생태계가 건강해지지 않습니다. 요즘 그런 경계 지역을 보면 아주 볼썽사납습니다. 예컨대 칡넝쿨이 경계 지역을 점령해버리면 미관도 문제지만 병해충의 숙주 공간이 되어버려 생태 건강을 훼손하죠. 칡뿌리 캐는 사람이 없고 나일론 끈이 많아져 칡넝쿨로 끈을 만들어 쓰는 일도 없으니 통제가 되질 않습니다. 최근 많이 발생하는 미국 선녀벌레도 산을 끼고 있는 농경지에 큰 피해를 주고 있습니다.

또한 농지가 숲을 잠식하다 보니 숲 짐승들이 농지를 찾아가 작물을 해치는 일이 많아집니다. 사람이 피해를 보는 것 같지만, 따지고 보면 먹을거리가 고갈된 숲의 변화를 감당해야 하는 그 짐승들이 진짜 피해자라고 할 수 있습니다. 겨울이 되면 우리 농장에 산속 짐승들이 종종 먹이를 찾아 내려와요. 매, 수리부엉이, 고라니, 너구리, 족제비 등이 곧잘 나타나죠. 여름엔 살모사, 능사, 꽃뱀 등도 자주 보이고요. 농약을 치지 않고 화학비료를 주지 않는 우리 농장에 벌레와 풀 등 청정 먹을거리가 많으니 먹을 게 없어지는 겨울에 숲에서 내려오는 겁니다.

자연산 산나물과 더불어 주목해야 할 게 자연산 해산물입니다. 해초와 생선을 포함한 해산물을 제일 많이 먹는 나라가 의외로 한국입니다. 2위가 노르웨이, 3위가 일본, 4위가 베트남이죠.⁶ 해산물을 많이 먹는다고 하니 대개는 생선이나 조개류 같은 고기류를 생각하기 쉽습니다. 그런데 그게 아닙니다. 산과 들처럼 절로 나는 풀이 바닷가에도 매우 많습니다. 미역, 김, 파래, 톳, 매생이, 다시마, 모자반, 감태 등 수십 종류나 됩니다. 요즘엔 양식을 많이 해서 흔해졌지만, 옛날엔 미역만 해도 생일에나 먹을 수 있는 귀한 음식이었습니다. 이처럼 해초는 바닷속 숲이자 바다 생태계의 보고입니다. 바다의 생명들에게 귀한 먹을거리이자 서식처가 되어주죠. 그래서 깊은 바다보단 빛이 잘 투입되는 얕은 바다와 해류가 발달한 바다에 많습니다. 갯벌이 발달한 우리나라의 서해와 남해가 대표적입니다.

우리나라는 리아스식 해안인 덕에 갯벌이 많이 형성되어 있고 해류 발달로 어장이 풍부해 해산물을 많이 먹는 게 아닌가 싶습니다. 갯벌은 수심이 얕고 완만해 조수 간만의 차가 큰 지형에서 잘 발달합니다. 갯벌에 많은 생명이 기대어 살 만큼 영양이 풍부한 까닭은 강의 하류 지역이기 때문입니다. 육지의 숲과 농지에서 빗물에 떠내려온 영양물이 갯벌에 축적됩니다. 이곳이 농지로 발달하면 삼각주가 됩니다.

갯벌 보존은 숲 보존만큼이나 중요합니다. 갯벌의 먹을거리를 채집해 육지 사람들 먹을거리로 공급하는 것은 거시적인 관점에서 '순환'입니다. 특히 갯벌에 사는 갑각류와 조개류의 껍질에는 칼슘이 풍부해 내륙 토양의 지력을 유지하게 해줍니다. 또한 갯벌은 해양 생태계를 건강하게 합니다. 갯벌은 거대한 생명의 보고이기 때문입니다.

우리 밥상의 메뉴를 넉넉히 해준다는 점도 중요합니다. 갯벌을 개간해 만든 염전이 없으면 사람은 목숨을 부지하기 어려웠을 겁니다. 그뿐 아니라 우리 입맛을 즐겁게 해주는 갯벌 먹을거리들의 소중함은 말로 다 표현할 수 없습니다.

토종 먹을거리

　토종 씨앗으로 농사짓는 스님을 만난 적이 있어요. 그렇게 맑은 얼굴과 눈빛을 가진 스님을 본 적이 없어 속으로 신기해하며 이렇게 물었어요.

　"스님, 왜 토종 농사를 지으세요?"

　"토종 음식을 먹어야 '영발'이 잘 받아 도 닦기가 좋아요."

　스님의 대답이 재밌었습니다. 지금 생각해보니 사는 곳의 흙에서 난 것이야말로 우주 기운과 소통(영발)하는 중요한 안테나 역할을 하지 않을까 싶습니다.

　요즘 우리 밥상은 국적을 알기 힘든 먹을거리, 근본을 조작한 유전자 식품이 차지해버린 지 오래입니다. 그러니 발 딛고 사는 내 땅, 내 흙의 소중함, 내 머리 위 하늘의 신성함을 알 도리가 없습니다. 전혀 모르는 흙과 하늘에서 온 먹을거리를 먹고 사니 정작 내 흙과 하늘과는 소통하지 않습니다.

저는 외국에 가면 꼭 그 나라의 흙냄새를 맡아보고 태양과 달, 별을 봐요. 재래시장에 가서 먹을거리를 구경하고 맛보려 애쓰고요. 이것이 그 나라를 이해하는 근본이라 보기 때문입니다. 제가 토종 먹을거리를 먹자고 하는 까닭은 내가 사는 땅과 하늘, 곧 환경 및 자연과 소통하는 삶은 토종 먹을거리를 먹으며 가능하다고 보기 때문입니다. 영발을 강조한 스님처럼 종교적인 삶을 살자는 말이 아닙니다. 그럼 도대체 내 땅, 하늘과 함께하는 삶은 무슨 의미가 있을까요? 예를 들어 설명하면 좀 더 이해하기 쉬울 것 같습니다.

젊을 때 거의 차비만으로 친구들과 전국을 무전 여행하듯 돌아다닌 적이 있어요. 지방을 돌며 내린 나름의 결론은 '고향에 사는 사람은 누구나 멋이 나는구나'였습니다. 사대문 밖이지만 꼴에 특별시 사람이라고 지방 사투리를 들으면 왠지 촌스럽게 느껴지곤 했어요. 그런데 시골 가서 만난 사람들의 사투리가 어딜 가나 그렇게 자연스러울 뿐 아니라, 무전여행으로 구질구질해진 특별시 청년들을 대하는 친절한 태도 뒤에 뭔가 자존감 있는 듯한 모습이 참으로 인상적이었습니다.

전남 여수에 가는 길이었어요. 서울 용산역에서 막차를 타고 순천역에 내려 완행열차를 갈아타려는데 무려 2시간을 기다려야 했죠. 거의 우리밖에 없는 한적한 역 플랫폼에서 무료한 시간을 보낼 겸 기타를 꺼내 친구들과 노래를 부르고 있자니 역에서 일하는 아저씨 몇 명이 다가왔어요. 시끄럽다고 제지할 줄 알았더니 친근한 표정으로 옆에 앉아 우리 노래를 따라 부르더라고요. 곧 우리는 형, 아우 하며 금방 친해졌습니다. 우리보다 열 살 이내로 나이 먹은 형님뻘이었고 역에서 기차 바퀴 안전 점검하는 노동자였어요.

당시는 1982년 여름으로 1980년 광주항쟁이 2년 지난 때였어요. 통성명하며 서로 툭 터놓고 이야기하다 보니 그분들 대부분은 한국전쟁 직전에 발발한 여순사건 피해자의 자제였고, 광주항쟁으로 인한 마음의 상처가 컸어요. 그런데도 '예향(藝鄕)'이라는 자기 지역에 대한 자부심이 대단했습니다. 타지 사람인 우리를 동생처럼 대하는 정겨운 모습이 낯익기까지 했죠. 사투리 역시 그렇게 듣기 좋을 수가 없었습니다. '마음의 상처가 깊고 가난하게 사는 처지에서도 자존감 잃지 않고 남에게 베풀 줄 아는 내공은 어디에서 나오는 걸까?' 잊을 수 없는 의문이 남았습니다.

한참 뒤에야 그 의문에 나름의 답을 내릴 수 있었습니다. 전라도만의 자랑인 풍성하고 맛있는 그 밥상에서 전라도 사람의 자부심, 그리고 타지인을 향한 친절함이 나온다고 확신하게 되었죠. 그렇다고 어느 지역의 밥상이 더 맛있는가를 따지는 일은 참으로 유치합니다. 그보다 우리가 살펴봐야 할 것은 그 지역만의 독특한 맛을 찾는 일입니다. 한때 전라도 음식 맛이 널리 알려지자 자기네 주 방장이 전라도 출신이라며 자랑하는 어떤 식당 주인장을 봤습니다. 요즘엔 그나마 지역 맛을 찾으려는 노력이 보여 다행이긴 합니다. 지역 맛을 찾아야 지역 문화가 살고, 지역 정신과 공동체가 삽니다. 나아가 세계화 시대를 가장 현명하게 사는 길도 지역성을 살리는 일입니다. 가장 자기다울 때 세계적일 수 있는 거 아닐까요?

지역감정이란 말은 부정적으로 쓰입니다. 하지만 다른 지역을 향한 나쁜 감정이 아니라, 자기 지역에 갖는 자랑스러움과 다른 지역을 마주하는 포용심을 뜻한다면 부정적이지 않습니다. 그건 남이 어떻든 상관없이 자기다울 때 나올 수 있는 자연스러운 감정이며, 이 자기다움의 근본은 바로 지역만의 먹을거리에 있다고 생각합니다. 경상도 사람의 투박하고 거친 듯한 뚝배기 맛, 충청도 사람의 밋밋한 듯하지만 여운이 있는 맛, 서울도 아니면서 시골도 아닌 경기도 사람의 순한 맛. 근본은 다 그들만의 밥상에서 나온다고 봅니다.

몇 년 전 아프리카 우간다에서 본 사람들의 모습을 떠올리며 이야기를 확장해 볼게요. 가난하지만 찌들지 않고, 구걸해도 안 주면 말고 하는 당당한 표정. 외지인에 경계심이 전혀 없는 숲속 오지 사람들에게서 고향에 사는 사람의 여유와 자존감이 강하게 느껴졌습니다. 그곳은 적도 지역이지만 해발 1,000미터가 넘는 고지대라 최고 25도에서 최저 12도 정도의 온순한 날씨였죠. 궁궐 기와집은 갖지 못해도 비만 피할 곳이면 잠자리 가릴 게 없고, 하얀 쌀밥에 고깃국은 없어도 굶지 않을 만큼의 야생 과일이 풍부하니 가난해도 구차할 일이 없는 사람들이었습니다.

토종 음식으로 영발을 받는 스님이나 자기 지역에서 지역 음식을 먹으며 자존감을 느끼고 살아 온 사람들이나 제게는 별 차이가 없는 토종입니다. 제가 '자생종이든 귀화종이든 그 지역에 오래 살면서 그 지역 환경에 적응한 씨앗'을 토종이라고 정의하는 까닭입니다. 적응은 그 지역의 흙(earth)과 기후(천문 환경 포함)와 소통하고 공생한 결과입니다. 따라서 건강한 먹을거리는 단지 농약 치지 않은 친환경 먹을거리가 아니라, 내가 사는 환경과 나를 이어주는 먹을거리라고 저는 정의합니다. 나만이 아니라 내가 사는 지역의 흙과 환경까지 건강하게 해주는 먹을거리가 참 건강 먹을거리가 아니겠냐는 거죠. 아무리 청정 먹을거리인들 수입 먹을거리라면, 또 내 지역에 맞지 않는 종자 먹을거리라면 건강한 먹을거리라고 하기에 적절치 않습니다.

제가 짓는 벼농사의 종자는 '자광도'라는 토종 벼예요. 자광도와 같은 토종 벼는 대개 키가 일반 벼보다 커서 잘 쓰러지는 특징이 있습니다. 이를 '도복(倒伏)에 약하다'고 표현합니다. 장맛비가 무섭고 태풍이 잘 오는 우리 환경에 도복성은 치명적입니다. '잘 쓰러진다면 우리 환경에 적응하지 못한 거 아닌가, 그게 무슨 토종인가?'

제가 이 문제를 알아내고 방법을 찾는 데 10년은 족히 걸렸습니다.

결론부터 말하면 토종 벼의 큰 키는 햇빛을 선점해 풀이 자리 잡지 못하도록 하려는 경쟁의 결과입니다. 그렇게 보면 큰 키는 자연스러운 현상이고 오히려 키 작은 지금의 육종 벼들이 이상 현상입니다. 키 크는 데 들어갈 에너지를 이삭 많이 열리게 하는 데 쓰도록 만들어서 키가 작은 거죠. 그래서 지금의 육종 벼들은 풀에 약합니다. 키 대신 제초제가 이 풀을 해결해줍니다.

다음 해결책은 논에 물을 항시 담아두는 겁니다. 벼가 물을 먹도록 논에 물을 담아둔다고 이해하는 사람이 많은데요, 그보다는 풀을 못 나게 하려는 목적이 더 큽니다. 물로 흙을 덮어버리는 일종의 '워터 멀칭(water mulching)'이죠. 토종 벼는 풀을 상대로 한 경쟁력이 충분해서 물을 항시 담아 두지 않아도 됩니다. 물이 담긴 논에 키우면 웃자라는 콩나물처럼 키가 더 커질 뿐이에요. 제초제를 칠 필요도 없습니다. 물은 가물지 않을 정도만 주면 되고 뿌리를 잘 내렸으면 물 없는 밭처럼 말라도 지장이 없습니다. 물이 없을 때 산소가 흙에 들어가 오히려 뿌리 발육을 좋게 해주기도 합니다. 그러면 키가 커도 쓰러질 염려가 없어요.

앞에서 말했듯이 우리나라는 비가 장마 시기에 집중되고 흙에 돌이 많아 평소 가뭄이 심합니다. 논은 오랜 세월 농부가 돌을 없애고 써레질을 열심히 해서 보수력이 좋아졌지만, 비가 골고루 내리지 않아서 장마철 외에는 가물 때가 많습니다. 특히 모내기를 옛날엔 장마 직전에 해서 가뭄을 피할 수 있었는데 요즘엔 장마 한 달에서 한 달 반 전쯤, 그러니까 가물 때 모를 내니 문제입니다. 비 대신 인위적인 방법으로 물을 대주는 수밖에 없습니다. 땅속 지하수를 퍼내든가 댐이나 저수지를 만들어 끌어오든가 해야 하죠. 환경 파괴는 필연적입니다.

게다가 다수확을 위해 거름을 많이 주는데, 화학비료도 많이 주고 미숙 축분 퇴비도 많이 줍니다. 그렇게 비료를 많이 주고서 항시 물을 담아두는 '상시담수'를 하면 논흙이 공기, 특히 산소를 싫어하는 혐기(嫌氣) 상태로 지속됩니다. 물속 미숙 비료는 메탄(CH_4)을 많이 만들어냅니다. 그게 문제로 지적되어 논에서 물을 넣었다 뺐다 하는 '간단관개(Intermittent Flooding)' 농법이 나왔습니다. 이 농법을 쓰면 메탄이 감소한다고 했는데, 막상 해보니 메탄보다 더 독한 아산화질소(N_2O)가 방출되었습니다. 아산화질소는 제일 강력한 온실가스일 뿐 아니라 대기 오존층 파괴의 주범으로 밝혀졌습니다. 결국 다시 상시담수로 돌아가고 말았죠.[7]

문제는 암모니아를 발생시키는 미숙성 축분 퇴비와 화학비료에 있었습니다. 아산화질소는 비료에서 발생하는 암모니아를 고세균이라는 미생물이 에너지로 이용하면서 발생합니다. 고세균은 지구 어디든 토양이라면 광범위하게 존재하는 아주 오래된 미생물입니다. 암모니아를 많이 발생시키는 비료를 살포하면 토양은 온실가스의 발생지가 됩니다.[8] 결론적으로 말하면, 인위적인 관개로 물을 대는 농법은 자연을 파괴합니다.

미숙 축분 퇴비나 화학비료 대신에 완숙 퇴비를 넣어주면 암모니아가 덜 발생합니다. 완숙 퇴비에는 천연항생제를 뿜어주는 방선균이라는 미생물이 많이 서식하고 있어 논 토양의 생태계를 건강하게 해줍니다. 그런데 이 방선균은 호기(好氣) 상태를 좋아하기 때문에 되도록 상시담수 상태를 지속하지 않아야 좋습니다. 키가 커서 풀에 경쟁력이 강한 토종 벼를 재배하면 굳이 힘들게 상시담수를 유지하려 애쓰지 않아도 됩니다.

그래서 토종 벼의 재배는 흙과 우리 몸의 건강까지 지킬 수 있는 신토불이 정신에 맞습니다. 벼만이 아니라 대개의 토종 작물은 오랜 세월 우리 흙과 기후 조건에 적응해 온 종자들이라 우리 자연환경을 지켜주는 식물입니다. 흙으로 만들어진 인간이 흙에서 난 것을 먹고 그것으로 맑은 영발(기후와 우주 자연의 기운)을 받으면 농사짓듯 건강한 몸과 마음을 지어갈 수 있지 않을까요?

소농의 지역 먹을거리

토종 먹을거리에서 말했듯이, 먹을거리란 흙과 자연을 파괴한 산물이 아니라 흙과 자연을 지킨 산물이어야 합니다. 소농(小農)과 지역 먹을거리(Local Food)가 그러합니다. 소농과 지역 먹을거리가 뭐기에 그런지 먼저 정의부터 살펴보겠습니다.

일단 소농과 지역을 어떤 기준으로 규정지을지부터 보겠습니다. 미국과 같이 땅덩어리가 큰 나라에선 10만 평(330,578제곱미터) 농부도 소농이지만 우리에겐 1만 평(33,057제곱미터) 농부조차 대농일 수 있고, 미국에선 우리나라보다 더 큰 주가 한 지역일 수 있는 반면 우리나라는 그보다 훨씬 작은 광역지자체조차 여러 지역으로 나눌 수 있습니다. 상대적인 개념이기에 양적인 기준보다 질적인 기준이 중요합니다. 그래서 그 기준을 순환이 가능한 규모와 거리로 정의하고자 합니다. 우선 지역 생산, 지역 소비가 가능해야 하고, 먹을거리뿐 아니라 먹을거리 생산에 들어가는 필수 에너지와 자재가 그 안에서 순환해야 합니다. 또한 생산과 소비 뒤 발생하는 폐기물과 부산물을 순환시켜 생산에 되돌릴 수 있는 시스템이 이어질 수 있는 거리와 규모여야 합니다. 나아가 유통 거리를 최소화해 물류 과정에서 에너지 투입을 줄여야 합니다. 말하자면 물류로 발생하는 탄소 총량이 탄소를 사냥하는 생산 능력의 용량을 벗어나지 않는 먹을거리를 소농의 지역 먹을거리라고 정의합니다.

하지만 뭐니 뭐니 해도 핵심은 '다양성'입니다. 순환이 안 될 만큼 멀리 떨어진 먹을거리, 그래서 유통과 물류에서 발생한 탄소의 양이 생산과정에서 흡수한 탄소의 양을 훨씬 초과한 먹을거리는 절대 다양할 수가 없습니다. 왜냐하면 단작해야 하기 때문이죠. 한 가지 먹을거리를 대량으로 생산해야 경제적 효율성을 실현할 수 있고, 그렇게 단가를 떨어뜨려야 장거리 유통으로 이윤을 남길 수 있습니다. 유통 과정에서 탄소가 많이 배출되든 말든 물류비용만 적게 들면 그만입니다.

여기서 단작하는 이유를 자세히 살펴보겠습니다. 우선, 생산 단가를 떨어뜨릴 수 있기 때문입니다. 노동 효율을 높일 수 있고 농기계도 사용할 수 있으니까요. 반면, 다양한 작물을 재배하면 일이 많아 노동 효율이 떨어지고 기계화 작업도 쉽지 않습니다. 생산 단가가 올라갈 수밖에 없습니다. 다음으로 단작은 먹을거리의 상품성을 높일 수 있다는 이점이 있습니다. 상품성을 높이려면 균일도를 높이는 일이 제일 중요합니다. 물론 크기가 크고 생산량이 많아야 하지만 그 못지않게 크기와 모양의 균일도가 중요합니다. 그래야 포장이 쉽고 배송과 매장 전시가 수월해 소비자 접근성이 좋아집니다. 소비자가 조리해 먹기도 편하고요. 또한 색깔도 보기 좋아야 하고, 벌레 먹어 상처 나면 안 됩니다.

하지만 단작으로 인한 단점은 이러한 이점 그 이상입니다. 우선, 단작은 병해충 공격에 약합니다. 먹이가 한곳에 몰려있으니 병해충이 번식하기 좋습니다. 또한 작물 본래의 성질보다 무조건 단맛이 많이 나게 키워야 해서 병해충이 많이 낍니다. 병해충은 단것을 좋아하거든요. 이렇게 병해충이 많이 발생하니 농약(살균·살충 화학약품)을 많이 살포합니다. 소비자 건강과는 점점 멀어지는 셈이죠. 생산할 때 탄소 흡수량보다 탄소 배출량은 당연히 더 많아집니다.

이에 반해 소농의 지역 먹을거리는 다양할 수밖에 없습니다. 작은 규모에서 한 가지를 재배해봐야 별 효율이 없습니다. 비싼 기계를 투입할 이유도 없죠. 일일이 손으로 해야 하니 일이 한꺼번에 몰리는 단작을 할 수가 없습니다. 여러 가지 먹을거리를 때마다 조금씩 순서에 맞춰 재배해야 손으로 일할 수 있습니다. 여러 가지를 적게, 말하자면 다품종소량생산을 하다 보니 멀리 유통할 수도 없습니다. 자칫하면 물류비가 더 듭니다. 가까이 있는 지역의 소비자가 먹어주어야 소비가 됩니다. 여러 가지를 생산하니 균일도가 떨어지고 크기가 작고 양도 많지 않습니다.

대신에 여러 가지를 재배하니 병해충 발생이 적습니다. 서로 다른 작물은 서로 다른 벌레와 균을 불러들입니다. 서로 다른 놈들끼리 경쟁하다 보니 견제가 돼서 한 가지 병이 창궐하기 힘듭니다. 환경 방제 효과가 절로 높아집니다. 또한 다양한 먹을거리 재배는 지력을 덜 빼앗습니다. 일시에 집중적으로 토양을 수탈하지 않거든요. 잘만 조합하면 지력을 높일 수도 있습니다. 토양을 무리하게 갈지 않아도 되므로 토양을 가는 과정에서 발생하는 탄소 배출이 적습니다. 채종이 수월하고 자가 퇴비 만들기 등 부산물을 재활용할 수 있으며 폐기물 발생을 최소화할 수 있습니다.

하지만 일이 집중적으로 몰리는 단작 시스템과 다르게 분산되는 일을 끊임없이 해야 합니다. 농업 노동자를 쓸 형편이 안 돼 가족 노동과 공동체 노동이 밑받침돼야 하는데 농부의 고령화, 농촌 소멸과 공동화 현상이 너무 거셉니다. 값싼 수입 농산물에 비해 경쟁력이 떨어져 점점 수익이 줄고 있습니다. 어떻게 해야 할까요? 방법은 도시민의 연대와 협력입니다. 로컬푸드에 도시가 참여하게끔 하고 그 외 귀농, 귀촌 및 농촌봉사활동, 공동체지원농업(CSA, Community Support Agriculture) 활성화 등 다양한 사회적 지원 활동이 필요합니다.

　지금 같은 기후 위기 시대에는 윤작과 같은 저투입 생산방식이 더욱 중요합니다. 왜 그럴까요? 우선, 온실가스를 덜 배출합니다. 단작 방식은 에너지와 자재를 고투입하므로 많은 탄소가 배출됩니다. 또한 많은 비료 사용과 과도한 기계 경운으로 토양 속의 온실가스, 곧 아산화질소와 메탄 발생을 촉진합니다. 반면 윤작 방식은 거름을 적게 쓰므로 탄소가 적게 배출됩니다. 완숙 유기질 퇴비를 사용하면 탄소 사냥에도 도움이 됩니다. 또한 기계 경운을 최소화하고 작물을 돌려짓기해 토양의 대기 노출을 줄이면 강풍, 폭우, 한발, 혹한 등 기후 재해로 인한 토양 유실을 예방할 수 있습니다.

　다음으로 윤작 방식은 환경 보전 효과가 뛰어납니다. 단작은 숲을 파괴합니다. 규모화를 추구하므로 경작지를 확대하기 위해 숲을 파괴합니다. 반면 윤작은 규모화보다 효율화를 추구하므로 경작지 확대에 별로 집착하지 않습니다. 오히려 주변 숲과 소통을 중요시합니다. 숲에서 낙엽을 긁어모아 거름을 얻고 나물을 채집합니다. 땔감으로 잡목을 거두고 가끔 수렵도 해서 숲을 건강하게 가꿔 줍니다. 경작지 주변 숲은 경작지의 환경 방제력을 높입니다. 숲속의 새가 와서 경작지의 해충을 잡아먹고, 숲속의 뱀이 찾아와 경작지의 작물 뿌리를 해치는 두더지를 잡아먹습니다. 단작은 숲과 대립하지만, 윤작은 숲과 공존합니다.

그다음으로 윤작은 건강한 작물을 수확하게 해줍니다. 투입을 적게 하면 작물의 생명력은 최대화되기 마련입니다. 물을 적게 주면 작물의 섬유질과 미네랄이 많아지고, 화학비료를 적게 주면 작물의 본래 감칠맛이 높아지며, 농약을 주지 않으면 작물의 생명 물질이 풍부해집니다. 단맛은 적어지지만 작물 특유의 향과 식감, 깊은 풍미가 삽니다. 맛도 좋지만 그대로 약이 됩니다.

마지막으로 경작지의 뛰어난 경관을 이야기하고 싶습니다. 윤작은 다양한 작물이 어우러지는 경관을 만들어냅니다. 환경 방제력을 최대로 키우기 위해 허브 같은 향신료 식물을 심고 다양한 곤충을 불러들이기 위해 화훼를 심으면 밭은 그대로 정원이 됩니다. 거기에다 지역 먹을거리 소농 운동이 공동체 활성화로 연결되면 경작지는 단순한 생산 공간이 아니라 문화를 창출하는 복합 공간이 됩니다. 그렇게 농사는 산업(industry)이 아닌 땅(agri)의 문화(culture)가 되죠(agriculture, 농업). 생명의 문화, 곧 바이오컬처(Bio-culture)의 부활입니다.

유전자 조작 먹을거리

GMO는 진심으로 안 먹었으면 합니다. 수입 농산물도 되도록 먹지 않았으면 하고 고기도 먹지 않거나 적게 먹기를 권합니다.

유전자 조작이란 자연계에선 도저히 짝짓기할 수 없는 이종(異種)의 생명을 강제로 결합하는 기술을 가리킵니다. 식물과 동물, 식물과 미생물을 결합해 새로운 종을 만드는 거죠. 예를 들면, 추위에 잘 견디는 내한성 딸기를 만들기 위해 차가운 바다에 사는 넙치에서 내한성 유전자를 추출해 딸기에 이식합니다. 세상에, 하느님도 하지 못하는 딸기와 넙치의 결합이라니! 놀라지 않을 수 없습니다.

GMO는 1994년 미국의 생명공학기업 칼젠에서 처음으로 무르지 않는 토마토를 만들며 시작됐습니다. 이듬해 1995년 제초제 회사로 유명한 다국적기업 몬산토에서 제초제 내성이 있는 유전자 조작 콩을 상품화하면서 널리 알려졌습니다. 우리나라엔 현재 콩, 옥수수, 감자 등이 널리 판매되고 있습니다.

GMO의 문제는 크게 두 가지로 요약할 수 있습니다. 하나는 안전성 문제이고, 다른 하나는 생물다양성 문제입니다. 생물다양성 문제의 핵심은 유전자 조작으로 만들어진 생명 개체가 혹여라도 밖으로 유출되어 자연계에 편입되면 기존의 야생 생명체가 멸종될지 모른다는 겁니다. GMO를 지지하는 측에선 당연히 종자만 유출되지 않으면 생물다양성에 별문제 없다는 식입니다. 과연 그럴까요?

유전자 조작 생물 중에 슈퍼연어가 있습니다. 기존 연어에 비해 빠르고 크게 성장하는 다른 물고기 유전자를 삽입해 만들었죠. 성장 속도가 2배나 빨라 크기도 2배나 큽니다. 이 연어가 자연계에 퍼져 나가면 연어 생태계를 교란할 가능성이 매우 크고, 특히 번식 경쟁에서 우위를 차지할 게 뻔합니다. 자칫하면 자연의 연어가 사라지거나 연어의 다양성을 심각하게 훼손할 수 있습니다.

유전자 조작 종자가 기존 종자를 어떻게 사라지게 하는지 잘 보여준 사례를 KBS 스페셜 〈종자, 세계를 지배하다〉(2011년)에서 소개한 적이 있어요.[9] 유전자 조작 종자 개발의 선두 주자인 몬산토의 만행을 폭로한 이 다큐멘터리는 몬산토와 소농 농부의 싸움 이야기입니다. 내용을 보면, 토종 곡물을 재배하는 한 소농 농부에게 씨앗을 무단으로 사용했다며 몬산토가 거액의 소송을 겁니다. 몬산토의 유전자 조작 곡물 농장 옆에 있던 그 소농 농장에 몬산토 씨앗이 묻어 들어가 교잡되었는데, 농부가 그 교잡된 곡물을 판매했으니 자기네 종자 권리가 침해받았다는 겁니다. 진짜 피해를 본 사람은 자기 토종 곡물이 유전자 조작 종자로 오염된 그 소농일 텐데, 적반하장도 유분수지 가해자가 피해자라고 억지를 부린 것이죠. 결국 실력 있는 변호사를 많이 고용한 몬산토가 이겨서 그 소농은 농사를 접어야 했습니다. 몬산토의 노림수는 뻔해요. 피해 보상액보다, 토종 곡물을 없애버리고 유전자 조작 곡물로 시장을 독점하는 겁니다. 문제는 이런 식으로 토종 종자를 없애버리면 유전자 조작 종자만 남게 되는 날이 오고 종국엔 그마저 사라질 가능성이 충분하다는 겁니다.

GMO의 안전성 문제는 당장 나타나기보다 장기적으로 문제가 쌓여 직간접으로 나타날 위험성이 많습니다. 그래서 유럽 나라들은 GMO를 전면 봉쇄하고 있습니다. 우리나라도 환경·소비자 단체들의 줄기찬 반대 투쟁으로 GMO임을 표기하도록 하는 데에는 성공했으나, 이는 반쪽 성과에 불과합니다. 왜냐하면 GMO를 원료로 한 가공식품 중 정제 후에 유전자 조작 단백질(또는 DNA)이 남아 있지 않은 간장, 식용유, 당류는 표시 의무에서 제외했기 때문입니다. 가공하면 유전자 조작 단백질이 남아 있지 않다고 100퍼센트 확신할 수 있는지 의문이거니와 조작 단백질에만 문제가 있다고 단정 짓는 게 합당한지도 의문입니다. 없는 사실도 아닌데 표기를 감추면 손으로 하늘(진실)을 가리는 거 아닐까요?

문제는 수입 농산물을 많이 사용하는 식당과 90퍼센트 수입 사료곡물로 키우는 고기입니다. 이런 식당에서 사용하는 식품에는 유전자 조작 원료가 엄청나게 들어가 있는데 그것을 거부할 여지가 소비자에게는 거의 없습니다. 그리고 사료용 수입 곡물 중 옥수수가 99퍼센트라고 하니 사료의 원료는 거의 유전자 조작 농산물로 봐야 마땅합니다. 그런데 고기를 사면 국산인가 수입인가만 표시하지, 무엇을 먹여 키웠는지는 표시하지 않으니 간접적인 GMO 섭취가 이미 광범위하다 하겠습니다.

수입 농산물과 고기

GMO 판매는 전면 금지해야 한다고 봅니다. 유럽처럼 우리도 GMO 청정 국가가 되길 바랍니다. 그런데 우리 형편상 수입 농산물과 고기를 전면 금지할 수는 없습니다. 그래서 되도록 먹지 않거나 적게 먹길 권합니다. 우리나라는 사료곡물을 포함한 곡물 자급률이 2020년 기준 20.2퍼센트에 불과합니다. 수입 농산물의 전면 금지는 커녕 반으로 줄이는 것조차 꿈에 불과하죠. 글로벌 세상에서 100퍼센트 식량 자급은 사실 비현실적입니다. 기후 위기로 자연재해 발생이 증가하는 상황에서 점점 식량 수입구조가 불안해질 것이 분명한데도 정부나 일반 국민은 식량 자급 문제에 별걱정이 없어서 더 문제입니다.

육식의 증가는 우리의 식량자급률을 더 위험하게 만드는 요인

중 하나입니다. 2020년 기준 우리의 식량자급률은 45.8퍼센트로 이는 사료곡물을 제외한 통계입니다. 사료곡물까지 포함하면 20.2퍼센트로 추락하는데, 관련 수치를 자세히 보면 사람이 먹는 양 만큼 가축이 먹는 곡물을 수입한다는 것을 알 수 있습니다. 곡물 먹는 양만큼 고기를 먹는다는 이야기입니다. 가령 우리나라 사람들은 1인당 1년에 쌀을 60킬로그램 먹고 고기를 51킬로그램 먹습니다. 소고기 1킬로그램을 생산하는 데 7킬로그램의 곡물이 들어갑니다. 소고기로 단순화해보면 한 사람이 51킬로그램의 고기를 먹는 데 357킬로그램의 곡물이 들어가는 셈이고, 그걸 쌀로 환산하면 6명이 먹을 수 있는 양입니다.[10] 그러니까 한 사람이 고기를 먹음으로써 여섯 사람의 식량을 빼앗는 꼴입니다.

축산에서 발생하는 온실가스도 심각합니다. 전체 온실가스 배출 중 축산이 차지하는 비중이 16.5퍼센트에 이른다고 유엔식량농업기구(FAO)가 2020년 발표했습니다.[11] 축산 중 온실가스 배출 비중은 소가 제일 크고 그다음이 양입니다. 소가 배출하는 온실가스 중 메탄의 비중이 큰데, 분뇨와 방귀에서도 배출되지만 트림에서 배출되는 게 90퍼센트를 차지합니다. 반추위(되새김) 동물은 반추위에 소화효소가 없는 대신 미생물이 있어서 먹이를 분해하는데, 그 과정에서 메탄이 발생합니다. 소나 양처럼 반추위 가축 고기를 많이 먹을수록 온실가스는 더 많이 배출되고 기후는 나빠집니다.

다음으로 지적하고픈 육식의 문제는 건강입니다. 육식이 늘면서 우리나라에 대장암과 각종 성인병이 늘었습니다. 고기 단백질은 대장에 들어가 좋지 않은 가스를 만들고 해로운 바이러스, 병원성 세균을 증식시키기 때문입니다.

고기를 많이 먹으면 마음 건강에도 좋지 않습니다. 고기를 많이 먹으면 성격이 사나워진다고 저는 생각해요. 육식하는 맹수가 초식동물보다 사나운 것을 보면 알 수 있습니다. 맹수가 사나운 까닭은 아마도 고기 단백질이 배에 들어가 만들어내는 독가스와 세균의 작용 때문이 아닐까 싶습니다. 더불어 육식으로 얻는 높은 에너지가 사나운 성격을 부추길 것이고, 생명을 죽여 먹을거리로 삼을 때 필요한 사나운 마음도 한몫할 겁니다.

그러면 초식동물은 왜 성격이 온순할까요? 일단 생명을 죽여 먹을거리를 얻을 필요가 없습니다. 필요한 에너지와 영양분을 얻으려면 종일 많은 양을 섭취하고 소화하는 일에 집중해야 합니다. 물론 번식을 위해 수컷끼리 경쟁할 때는 맹수 못지않게 사납고, 자기 영역에 방어 의지가 발동할 때는 사나울 필요가 있습니다. 그래도 맹수처럼 살생하기 위한 사나움보다는 방어를 위한 것이기에 양상은 다릅니다. 육식은 고영양 음식인 데다 육식동물의 대장이 짧아서 빨리 소화되지만, 초식은 영양가가 매우 낮아 많이 먹고 오래 소화를 시켜야 하니 그로 인한 성격 차이도 클 겁니다. 상대적으로 맹수는 배고플 때가 많고 초식동물은 늘 배가 부른 꼴입니다. 배고픈 놈이 맘이 편할 리 없죠. 맹수도 사냥해서 배가 부르면 마음이 편안해져 온순한 모습을 동물 다큐멘터리를 보면 알 수 있습니다.

댓잎만 먹는 판다가 다른 곰들에 비해 유순한 점, 영장류 중 잡식하는 침팬지와 달리 초식하는 오랑우탄이 온순한 점 등을 보면 미루어 짐작할 수 있습니다. 유칼립투스 나뭇잎만 먹고 사는 코알라의 이야기는 참으로 재밌습니다. 유칼립투스 나뭇잎에는 수면제 같은 독특한 성분이 있어 그걸 먹는 코알라는 늘 잠자는 모습입니다. 나무에 딱 달라붙어 잠자는 놈의 모습은 웃기기도 하지만 얼마나 평화로운지 실제 그 모습을 보곤 부러움을 감출 수 없었습니다. 원래 코알라는 잡식동물이었는데 초식으로 바뀌었다고 합니다. 그렇다면 코알라는 진화한 걸까요, 퇴화한 걸까요?

사실 잡식성은 좋은 게 아닙니다. 오히려 위험하고 불안합니다. 선택의 폭이 넓어 보이지만, 따져 보면 독이 있는 음식을 먹을 위험이 늘 있다는 이야기도 됩니다. 게다가 항상 음식을 다양하게 먹어야 하는 운명이라 먹을거리를 찾는 일이 전쟁 같습니다. 그런데 판다나 코알라는 한 가지만 먹으면 되니 먹을거리 갖고 고민하지 않습니다. 잡식성 동물이 머리가 똑똑한 이유가 늘 먹을거리로 고민을 많이 하기 때문이라고 합니다. 또한 잡식성 동물이 서로 간에 소통이 발달한 것도 살기 위해 먹을거리 정보를 공유하기 때문이라고 합니다.

앞에서 말한 "허기심 실기복"의 의미를 다시 떠올려보겠습니다. 배가 고프면 고민이 많고 배가 부르면 아무 생각이 없습니다. 배고픈 자는 고민을 해야 해서 로댕의 〈생각하는 사람〉처럼 허리 굽히고 고개 푹 숙여야 하지만, 배부른 자는 배가 편하고 소화를 시켜야 해서 머리는 꼿꼿이 허리는 죽 펴야 합니다. 여러분은 어떤 삶을 택하시겠어요?

재료 본래의 맛을 찾아서

음식의 맛은 부엌이 아니라 밭에서 만들어진다는 말이 있습니다. 부엌에서 맛을 내려면 양념에 의존해야 하는 데 반해 밭에서 맛을 내려면 원재료에 기대야 한다는 뜻이죠. 그러니까 원재료를 어떻게 농사지었느냐에 따라 맛이 달라진다는 말입니다. 종자는 어떤 걸 썼고, 거름은 무엇으로 어떻게 만들었는지, 토양의 지력은 얼마나 일구었는지, 물과 기타 자재는 무엇을 얼마 만에 주었는지 등인데, 그중 종자와 땅심이 근본적인 영향을 미칩니다. 그 외 농지를 둘러싼 자연환경과 기후 조건도 맛을 다르게 만듭니다. 마지막으로는 먹을거리를 키우는 농부의 정성과 마음입니다.

농사법이 먹을거리의 맛을 좌우하는 사례를 살펴보겠습니다. 배 과수원을 취재하러 간 적이 있어요. 친환경 유기재배 농법을 실천하는 그 과수원은 지력이 놀라웠어요. 얼마나 흙이 부드러운지 양 목발에 의지하는 지체장애인인 저는 목발이 푹푹 빠져서 도저히 걸어 다닐 수가 없더라고요. 배 맛은 조금 남달랐습니다. 단맛이 덜한데도 희한하게 맛이 좋았죠. 한 입 베어 물고 맛을 음미하니 배 특유의 청량감이 훌륭했습니다. 이런 맛있는 배를 만드는 노하우는 지력 관리와 종자 선택에 있다고 주인장이 말했습니다.

먼저 종자에 관해 물어봤습니다. 그랬더니 이런 내용으로 대답하더라고요.

'친환경 유기재배는 화학농약뿐만 아니라 화학비료를 쓰지 않고 100퍼센트 친환경 자재만을 사용해야 한다. 그런데 가만히 생각해보니 기존 관행 종자는 단맛을 많이 내게 육종한 것이라 화학농약, 화학비료를 쓰지 않을 수 없다. 당도가 높게 나오는 종자라 벌레가 많이 끼고 병에도 약하기 때문이다. 반면 옛날 종자는 당도가 떨어지는 대신 병해충 발생이 적다. 당도가 좀 떨어지더라도 친환경 유기재배를 하려면 불가피한 선택을 해야 한다. 그러면 단맛을 좋아하는 소비자들이 외면할 텐데 이 문제를 어떻게 해결할까?'

주인장은 의외로 해결책을 단맛이 아닌 옛날 맛에서 찾을 수 있었습니다. 단맛이 적으니 배가 갖는 특유의 청량한 맛이 살아났죠. 앞의 'Why' 장에서 먹을거리의 다섯 가지 맛을 다룰 때 이야기했듯이 단맛은 받쳐주는 맛으로, 원래의 맛을 압도하면 안 됩니다.

말하자면 단맛은 주 맛을 보조하는 맛이라는 이야기죠. 배는 너무 달면 배의 특유한 맛이 단맛에 압도되어 버립니다. 당도는 적더라도 청량감마저 떨어지면 죽도 밥도 안 되겠다고 주인장은 생각했죠. 그래서 화학 자재를 쓰지 않고 배의 본래 가진 생명 에너지(면역력)가 발휘되게끔 유기재배를 하니 본래 맛이 살아났습니다.

유기재배의 핵심은 토양의 면역력에 있습니다. 바로 지력입니다. 지력은 거름이 제일 중요합니다. 보통 유기 농가를 취재해 보면 따라 하기 힘든 자기만의 노하우가 있는데, 이분은 달랐습니다. 거름을 아주 단순하게 만듭니다. 계분, 톱밥, 발효제, 물이 전부입니다. 그중 톱밥을 제일 강조합니다. 천연 톱밥에 풍부한 리그닌(lignin)이라는 섬유질이 발효되어 땅에 들어가면 방선균을 많이 불러들이고 땅속 미세한 구멍을 조성해 흙이 푹신해집니다. 이 방선균이 천연 농약 역할을 해서 토양의 면역력을 높여줍니다.

다음으로 이분이 자랑하는 지력 관리는 다양한 풀이 절로 오도록 하는 겁니다. 그 풀이 허리만큼 자랐을 때 예초기로 싹 베어버리는데, 다양한 풀의 뿌리는 토양에 남아 거름이 되고 긴 뿌리, 짧은 뿌리 등은 토양의 물리적 구조를 다양하게 만들어줍니다. 이렇게 탄생한 이 농민의 배는 대박을 터뜨리고야 말았습니다. 종자와 지력이 만든 맛의 쾌거였죠.

조리는 단순하고 거칠게

저는 오랜 종갓집 종부의 복잡하고 어려운 조리법을 별로 좋게 평가하지 않습니다. 따라 하기 힘들고 구하기 쉽지 않은 재료가 많기 때문이죠. 뭐든지 어려운 일은 전문가를 만들어내기 마련입니다. 전문가가 필요할 수 있겠지만, 사람이라면 누구나 조리해 먹을 수 있는 능력을 갖춰야 합니다. 자기가 먹을 음식도 만들지 못한다면 인간, 아니 생명으로서 누려야 할 먹을거리 기본권을 스스로 포기하는 게 아닐까요?

음식 재료는 직접 농사를 지어 얻든가 생활 주변에서 쉽게 구할 수 있는 걸 선택하는 게 좋습니다. 어느 셰프가 지방을 돌며 아무 집이나 들어가 음식을 해주는 TV 프로그램이 있었습니다. 그 셰프는 음식 재료의 비율을 잴 때 도량을 따지지 않고 그때그때 감각으로 하더라고요. 그렇게 주변에서 쉽게 구할 수 있는 재료로 단순하고 거칠게, 양념을 적게 넣고 조리하면 원재료의 맛이 살아납니다.

지인 가운데 전통조리법에 해박한 분이 있어요. 김치가 세계적으로 알려진 덕에 그분이 독일에 초청 강연하러 갔을 때 일입니다. 강연 끝나고 김치 마니아라는 독일인 여성이 자기가 담근 김치 맛을 보여주고 싶다고 해서 그 집을 방문해 먹어보고는 놀라고 말았답니다. 냉장고에 보관은 했다지만 3년 묵은 김치가 전혀 군내가 나지 않았대요. 비결이 뭐냐니까 양념을 최소로 넣었답니다. 배추를 소금에 절이고 적당량의 고춧가루와 마늘만 넣었대요. 저도 넣는 양념이 거의 없다고 자부하지만, 이 독일 여성보다는 더 넣습니다. 멸치액젓은 꼭 넣으니까요. 그런데 요즘 사람들은 김치 담글 때 찹쌀풀을 당연히 넣고, 젓갈 두 가지는 들어가고, 시뻘건 고춧가루 듬뿍 넣고, 마늘을 비롯해 양파와 쪽파는 기본이고, 더해서 설탕, 효소, 조미료를 넣어요. 사실 이 정도도 기본이라 해야 합니다. 이 외에 추가로 들어가는 것은 개인마다 다릅니다.

좋아하는 고구마 줄거리를 다듬을 때 저는 껍질을 벗기지 않아요. 질겨서 어떻게 먹냐고 물으면 조금 더 삶는다고 대답하죠. 콩나물도 별로 다듬지 않습니다. 푸르뎅뎅한 배추 겉껍질은 버리지 않고 김치를 담급니다. 고구마, 감자도 껍질째 먹을 때가 많습니다. 이렇게 하면 무엇보다 조리가 쉬워 좋습니다. 남녀노소 누구나 조리

사가 될 수 있습니다.

또한 조리가 단순하고 거칠면 반찬이 많을 필요가 없습니다. 많이 씹어서 깊은 맛을 알게 되면 많은 반찬을 찾지 않게 마련입니다. 현미밥의 진미를 알면 아닌 말로 밥만 먹어도 맛있습니다. 이가 약한 어르신들은 씹기 불편할 수 있습니다. 그렇지만 조금씩 훈련한다 생각하고 여러 번 씹으면 음식의 깊은 맛을 알게 되고 이도 튼튼해집니다. 저는 20년 넘게 현미밥을 가마솥으로 지어 먹어요. 가마솥 밥 자체도 맛있지만, 꼭 누룽지가 생겨 입맛을 돋웁니다.

김치는 또 어떻습니까? 저는 이 세상에서 제일 맛있는 음식은 어머니가 해준 음식이라고 생각하는데, 그중 어머니가 담근 김치를 특히 좋아했어요. 어머니가 돌아가셔서 더 이상 그 김치를 못 먹지만, 요즘은 제가 담근 김치가 어머니 맛을 뛰어넘었다고 건방을 떱니다. 아내와 담그는 김치는 우리 손으로 우리 거름으로 직접 키운 배추와 재료들이니 어머니가 살아오셔도 따라올 수 없는 맛을 냅니다. 그래도 가끔은 어머니 손맛이 그리울 때가 있는 건 어쩔 수 없지만….

마지막으로 단순한 먹을거리는 조리도구와 주방기기의 단순화와 직결됩니다. 냉장고를 곰곰이 생각해보니, 좀 과장해서 말하면 신선한 음식을 비싼 돈 주고 사서 묵혀 먹는 요물단지입니다. 바로바로 먹으면 제일 좋고 맛있는데 왜 두고두고 먹으려는지 참….

그리고 오래 두고 먹으려면 발효시키거나 묵나물 만들거나 짠지, 장아찌 만들면 되는데 왜 냉장고에 쟁여두는지…. 아주 과장하면 퇴비간이 따로 없습니다. 냉장고에서 음식이 묵다 못해 썩어서 나올 때도 있으니 말입니다. 물론 여름에 상한 음식 먹어 식중독 걸리는 것보다 낫긴 합니다. 그런데 따지고 보면 냉장고가 없어서 쉰 음식을 먹는 게 아니라, 음식을 쉬지 않게 하는 삶의 지혜를 잃어버려서 그런 거 아닐까요?

저는 냉장고 없애는 꿈을 버리지 않았지만, 여전히 김치 냉장고를 포함해 일반 냉장고까지 큰 것으로 두 개나 갖고 있어요. 화장품 냉장고, 와인 냉장고까지 가진 사람도 있다고 푸념하는 아내 기세를 어쩌지 못했죠. 게다가 우리는 전자레인지를 없애버렸고, 보온밥통은 애초에 장만하지 않았으며, 압력밥솥도 농사짓고부터는 금방 가마솥으로 바꿨으니, 우리 같은 사람이 어디 있겠냐고 목소리 높이는 지경까지 가면 눈치만 살펴야 했죠.

냉장고 없던 옛날엔 조리도구라고 해봤자 아궁이와 가마솥이 전부였습니다. 일단 가마솥에 밥을 안칩니다. 뜸 들일 때 뚜껑을 열어 밥 위에 가지, 계란, 조기 등 찜 요리를 하는데, 밥물이 찜 반찬에 스며들어 정말 묘한 맛을 냅니다. 또 밥 뜸 들일 때 아궁이 불을 살짝 빼 그 위에 뚝배기를 얹고 된장 및 각종 찌개를 끓입니다.

밑반찬은 냉장고가 필요 없는 발효 음식이거나 짠지, 묵나물입니다. 특히 김장김치는 땅에 묻었는데, 지금의 김치 냉장고조차 따라올 수 없는 맛을 냅니다. 채소는 텃밭에서 뚝 따오면 냉장고 음식보다 더 신선합니다. 아파트가 답답해 마당 있는 집에 살다 보니 마당 텃밭에 채소가 늘 있어요. 아내는 아침 반찬을 할 때면 대파나 약간의 채소를 냉장고가 아닌 마당에서 따옵니다. 그러니 마당이 냉장고나 다름없습니다.

아무리 생각해도 냉장고는 고기 먹기 위해 만든 기계가 분명합니다. 예를 들어 돼지를 마당에 묶어놓고 어느 날엔 뒷다리 뜯어먹고, 다른 날엔 삼겹살 잘라 먹을 수는 없지 않나요? 냉장고 없던 시절에 고기 먹는 날은 마을 잔칫날일 수밖에 없던 게 당연합니다. 며칠에 걸쳐 부분부분 잘라 먹을 수 없고 도축해서 한 번에 다 먹어야 하니 혼자 먹을 수는 없었겠죠. 물론 오래 저장해서 먹는 방법이 있었지만, 어디까지나 일부였지 주된 방법은 아니었습니다.

옛날로 돌아갈 수는 없는 법. 그렇지만 돌아갈 수 있는 건 돌아가면 좋겠습니다.

'어떻게 먹을까?'에는 예의도 있다

음식을 어떻게(method) 만들어 먹느냐도 중요하지만 그만큼 어떻게(manner) 먹느냐, 곧 어떤 마음, 어떤 태도로 먹느냐도 중요합니다. 말하자면 먹을거리에 대한 감사의 예의입니다. 밥상이 풍부하기로 유명한 프랑스는 밥상 예의 또한 풍부합니다. 기독교 국가라 기본적으로 종교적 예의가 많습니다. 주기도문에 나오는 '일용할 양식을 주신 하나님께 감사하다'가 밥상 예의의 기본일 겁니다. 그리고 혼자 하는 식사를 금기시합니다. 사람들과 함께 밥을 오래, 떠들면서 즐겁게 먹습니다. 그 외에도 냅킨 위치, 포크와 칼을 놓는 방향, 빵과 물 두는 자리 등 우리가 보기엔 쓸모없는 예절이 많습니다. 이런 까다로운 밥상 문화는 폭식과 과식, 인스턴트식, 패스트푸드를 멀리하게 해서 비만 예방에 좋다고 합니다. 프랑스 사람들은 많이 먹는 것에 비해 비만 인구가 적은 편인데, 이런 밥상 문화의 영향이 큽니다. 그렇지만 프랑스도 요즘엔 그런 전통이 약해지고 패스트푸드, 혼자 먹기 등이 퍼지면서 비만 환자가 늘고 있다고 합니다.

다음으로 유대교의 코셔(Kosher)와 이슬람교의 할랄푸드를 주목할 만합니다. 코셔와 할랄푸드는 '허용된 음식'이란 뜻입니다. 코셔에선 굽 달린 가축 외에는 먹지 말라고, 특히 고기와 우유를 함께 먹지 말라고 합니다. 우유는 고기가 살아생전 자기 새끼에게 먹이려고 만든 젖인데 우유를 어미 고기와 함께 먹는다는 것은 예의가 아니라는 겁니다. 할랄에선 함부로 도축한 고기는 먹지 말고 이슬람 율법에 따라 고통 없이 죽인 고기만 먹게 합니다. 이 또한 죽은 생명을 대하는 최소한의 예의입니다. 지금도 인디언이나 고산·숲속 원주민은 고기를 잡아먹을 때 꼭 '감사하다. 좋은 곳으로 가라'고 기도하고 먹습니다.

우리도 밥상 예절이 꽤 발달한 나라였습니다. 프랑스와 달리 우리는 밥상에서 떠들면 안 됐습니다. 프랑스는 고기를 써는 칼날이 안쪽을 향하게 놓아야 했지만 우리는 숟가락을 똑바로 위를 향하게 놓아야 했습니다. 그리고 어느 집이나 그 집 최고 어른에게 제일 맛있는 음식을 차려 올리는 문화가 있었습니다. 그러면 어른은 아이들을 위해 음식을 남겼습니다. 또 음식을 지저분하게 먹지 않았습니다. 남긴 걸 자식과 손주가 먹기 때문입니다. 어릴 때 제 아버지는 젓가락을 입에 넣어 쪽쪽 빨지 말라 했어요. 침 묻은 젓가락으로 반찬을 집으면 좋지 않다는 거였습니다.

저는 좀 이해되지 않는 우리나라 전통 밥상 문화가 있었어요. 남의 집 가서 밥 얻어먹으면 다 먹지 말고 꼭 음식을 남겨야 한다는 것. 남김없이 다 먹으면 괜히 굶고 사는 사람으로 오해받을까 봐 그런가 했습니다. 체면치레 같았죠. 없애야 할 전근대적인 전통이라 생각했습니다. 그러나 사실 거기에는 남을 배려하는 미풍양속이 있었음을 나이 들어 우리 전통문화를 공부하면서 알았습니다.

우리는 기본적으로 손님이 오면 정성을 다해 예우했습니다. 농촌일수록 오래 유지한 문화입니다. 서울이 고향이고 서울에서만 산 우리 집은 어릴 적 단칸방에 살 만큼 가난한데도 손님만 오면 밥상이 달라졌어요. 통행금지가 있던 때라 늦으면 손님이 자고 가는데, 꼭 아랫목에 주무시게 했습니다.

서울에선 점점 그런 문화가 퇴색되어 갈 때쯤 사회에서 만난 지인과 술을 먹고는 그분 집에 가서 한 잔 더 하게 된 적이 있습니다. 방 두 개뿐인 집에 다 큰 고등학생 아이가 둘이나 있는데, 안주인은 선뜻 안방을 내주고 주안상까지 차려주곤 아이들의 작은 방에 가서 잤어요. 지인도 잠들 시간이 되자 우리에게 손님용인 듯한 깨끗한 이부자리를 펴주곤 작은 방으로 건너가더군요. 참으로 미안하고 곤혹스러운 잠자리여서 지금도 가끔 기억납니다.

또 한번은 남쪽 지방에 귀농자 한 분을 취재하러 간 적이 있어요. 귀향한 동네 젊은 한 분도 동석했다가 밤늦게 헤어졌는데 아침 일찍 전화가 왔어요. 아침을 대접하고 싶으니 건너오라는 거였죠. 취재한 귀농자와 함께 건너갔는데 신혼부부가 7시 이른 아침에 그야말로 상다리가 부러지게 밥상을 차린 걸 보고 적지않이 놀랐습니다. 마치 온 집안의 먹을거리를 다 끌어모아 놓은 거 같았어요. 미리 준비할 틈이 없었으니 특별한 콘셉트가 없었습니다. 어떻게 하면 정성껏 대접할 건가만 신경 쓴 거 같았죠. 정말 고마운 마음에 정성껏 먹고 나오는데 안주인이 또 뭔가를 싸 주더군요. 그러면서 하는 말이 "차린 게 별로 없어 죄송하니 이거라도 갖고 올라가세요"였습니다.

먹고 남은 걸 어떻게 처리할까

'어떻게 먹을까?'라는 질문만큼 '먹고 남은 걸 어떻게 처리할까?'도 매우 중요합니다. 제일 중요한 방법은 남기지 않는 겁니다. 남기지 않는 밥상 문화 가운데 스님의 발우공양이 유명합니다. 하나도 남기지 않을 뿐 아니라, 밥그릇 바닥에 묻은 찌꺼기까지 물을 부어 숟가락으로 쓱쓱 씻어서 설거지가 필요 없게끔 먹습니다. 먹고 난 그릇은 따로 설거지하지 않고 천으로 깨끗이 닦아 다음 먹을 때 사용합니다. 서양에도 비슷한 문화가 있습니다. 빵 발라 먹고 남은 소스 찌꺼기를 빵 조각으로 깨끗이 닦아 먹습니다. 발우공양과 비슷한, 참으로 훌륭하면서 소박한 문화입니다.

그렇지만 그렇게 해도 해결되지 않는 쓰레기가 밥해 먹기 전 재료를 다듬고 남은 찌꺼기와 먹고 배설한 똥입니다. 먹기 전후에 발생하는 부산물을 방치해 쓰레기로 버리면 토양과 자연환경의 오염원이 됩니다. 머지않아 그것은 우리 입 속으로 들어오게 되어 있습니다. 오염원으로 변질하지 않게 잘 발효시켜 안전한 거름으로 만든 다음 우리 배 속에 들어올 새로운 먹을거리의 거름으로 쓴다면, 그것처럼 완벽한 먹을거리 순환 시스템은 없을 겁니다.

한 해 음식물쓰레기 처리하는 데 드는 비용이 8,000억 원이 넘고 버려지는 음식물 자체의 자원 가치까지 계산하면 20조 원이 넘습니다. 퇴비와 가축 사료 등 자원으로 재활용되는 비율은 형편없이 낮은데다 조류인플루엔자, 돼지열병, 구제역 등 역병 감염원으로 주목되면서 재활용 비율은 더 떨어지고 있습니다.

음식물쓰레기가 많이 발생하는 데에는 우리 문화의 영향이 있습니다. 음식물을 남기는 게 예의인 문화 말입니다. 한없이 인심 넘치는 밑반찬 문화가 대표적입니다. 세계 어딜 가도 보기 힘든 특이한 문화가 우리의 밑반찬입니다. 대부분의 나라에선 한 접시에 밥과 반찬을 다 담아 먹습니다. 먹을 만큼만 담기 때문에 남길 일이 별로 없습니다. 그런데 우리는 밑반찬을 여럿이 함께 먹다 보니 양을 가늠하기 어렵고 남을 배려하다 보면 남기는 게 다반사입니다. 모자랄 것 같아 주인장에게 더 달라고 하면 꼭 남을 정도로 많이 줍니다. 조금 주거나 딱 맞게 주면 야박해 보이기 때문입니다. 그걸 돈도 받지 않고 공짜로 주니 외국인 눈에는 꽤 신기해 보인다고 합니다. 하긴 물조차 돈 받는 나라가 대부분이니 신기할 겁니다.

꽤 오래전(제 기억으로 30년 전은 되었을)에 음식물 낭비가 심하다는 여론이 일었고, 그러자 대표적인 공공기관 구내식당에서 돈 받고 밑반찬을 팔았다가 얼마 못 가 그만둔 적이 있습니다. 우리 정서에 맞지 않는다는 정평이었습니다. 지금 생각해보면 참으로 보수적인 모습이 아닐 수 없습니다. 아무튼 대부분 나라에선 음식물쓰레기가 별로 없고, 있어도 조리하기 전 다듬다 남은 전처리 음식물이 많습니다.

원래는 밥 한 톨 남기지 않던 우리의 음식 문화가 어쩌다 음식물을 엄청나게 버리는 문화로 바뀌었을까요? 그것은 우리 음식 문화의 특성이 외식 문화와 맞지 않기 때문입니다. 말하자면 우리 음식 문화는 집밥에 맞게 발달해 왔습니다. 집에서야 음식이 남으면 잘 보관했다가 다음 식사 때 먹으면 되니 별로 버리지 않습니다. 실제로 남은 음식물을 조사해보면 가정집에선 거의 재활용할 수 없을 정도로 오래된 것들이 나오는 데 반해, 재활용할 수 있는 신선한 음식물은 식당이나 단체 급식소에서 나옵니다. 남은 음식물이 다음에 또 먹어도 될 만큼 깨끗하다 해도 바로바로 버려야 하는 외식업체 사정 때문입니다.

멀쩡한 음식물을 거리낌 없이 버리는 심각한 사례는 대형 마트의 식재료입니다. 유통기한이 지난 식재료를 판매하는 일이 생길까 봐 유통기한이 지나기 전에 버립니다. 그렇게 버리는 음식물이 자그마치 연 6조 원이 넘는다니 참으로 심각합니다. 일부 나라에선 푸드뱅크라고 해서 멀쩡한 식재료를 모아 어려운 이웃에게 나눠주는 운동을 벌이고 있다고 하니 참고할 만합니다. 우리도 일부 공공 기관에서 푸드뱅크 사업을 운영하긴 하나 유통기한 전 식재료보다는 개인의 기부 물품 위주로 운영하는 것으로 알고 있습니다. 아마도 기존에 구축된 유통기한 전 식재료 처리 시스템을 쉽게 대체하기 힘든 점이 있을 테고, 버리기로 한 음식물이라 기부하기가 꺼려지는 심리도 작용했을 겁니다.

남은 음식물 처리 문제는 이처럼 더 심각해지고 있는데 해결 전망은 여전히 멀기만 합니다. 기술적인 대안이 없어서가 아닙니다. 이미 선진적인 재활용 기술은 완비되어 있다고 해도 과언이 아닙니다. 문제는 법과 제도에 있는데, 이걸 개선하기가 매우 힘듭니다. 기존 처리 시스템에 관계된 이해 세력의 반대도 있겠지만, 더 근본적으로는 건강한 시민의식이 부재하기 때문입니다. 자기는 음식물을 배출하면서 그 처리 시설이 자기 집 근처에 있는 꼴은 못 봅니다. 그 결과 수도권 음식물 퇴비화 시설이 몇 년 새 다 지방으로 밀려나고 말았습니다.

저는 농사짓고부터 20년 넘게 남은 음식물 퇴비화 운동을 하고 있어요. 처음엔 농사짓는 데 필요한 거름을 확보하고자 시작했습니다. 그러다 심각한 사회문제임을 깨닫고 방법을 모색해보니, 자기 쓰레기는 자기가 해결하지 않으면 근본 해결이 불가하다는 걸 알게 되었죠. 말하자면 남은 음식물 자원 순환은 농사를 통해서나 가능하다는 얘기입니다.

똥도 자원이다

우리는 발효 문화가 발달한 나라입니다. 김치나 된장 등 발효 음식이 발달했고 발효 퇴비 기술도 발달했습니다. 우리 발효 문화의 압권은 똥의 발효입니다. 사실 옛날엔 남은 음식물 문제가 거의 없었습니다. 남을 만큼 풍부하지 않았을 뿐더러 남아도 재활용할 방법이 많았습니다. 가축의 먹이로 활용하는 방법이 제일 흔했죠. 닭과 돼지가 대표적입니다. 그래서 이런 가축은 지금으로 치면 반려동물이고 식구였지, 잡아먹기 위해 키우는 동물이 아니었습니다.

따라서 발효 처리해야 할 것은 음식물이 아니라 똥이었습니다. 물론 사람 똥을 발효시키지 않고 가축 먹이로 활용한 예가 있었습니다. 바로 똥돼지와 똥개입니다. 그렇지만 결국 이놈들도 똥을 누니 똥의 발효 처리는 필수 생활 기술이었습니다.

똥 발효 기술 중 먹는 약으로 활용했다는 사례가 제일 놀랍습니다. 판소리 하는 사람들이 힘들게 소리 연습하다 보면 목을 다치는 경우가 종종 있는데, 그럴 때 즉효 약이 오래 묵힌 똥물이었습니다. 아무리 그래도 어떻게 똥물을 먹을까 했지만 실제로 그런 똥을 취재하고선 이해가 갔습니다.

우선 뒷간이 두 칸으로 되어 있는 게 특징입니다(세 칸으로 되어 있는 것도 봤습니다). 하나는 일을 보는 곳이고 다른 하나는 숙성시키는 곳입니다. 밑의 용기 바닥에는 작은 지름의 관이 연결되어 있어 일을 본 뒷간의 똥이 숙성되면서 옆으로 옮겨집니다. 숙성을 더 잘 시키기 위해서 긴 작대기로 물이나 오줌을 추가하며 정기적으로 저어줍니다. 작대기로 잘 저어 똥 속의 공기를 빼주는 혐기발효 방식입니다. 이렇게 1년 이상 묵히면 냄새가 없어지고 잘 숙성된 젤 상태의 똥물이 됩니다. 제가 취재하러 갔을 때는 몇 년 이상 된 똥물인데 신기하게도 냄새가 없고 맑은 담갈색을 띠고 있어 전혀 똥물이라는 느낌이 들지 않았어요. 무조건 오래 묵힐수록 좋습니다. 물론 아직 약으로 먹기엔 이릅니다. 이제 잘 숙성된 똥물에 대나무 통을 박아 둡니다. 막힌 대나무 통 속으로 삼투압에 의해 아주 맑고 깨끗한 액체만 스며들어옵니다. 그걸 약으로 먹습니다.

똥을 퇴비로 만드는 일은 더 쉽습니다. 톱밥이나 왕겨, 장작이 타고 남은 재만 있으면 됩니다. 이걸 똥보다 1.5배 정도 많이 넣고 잘 섞어주면 호기발효가 일어납니다. 앞에서 말한 물 부어주며 작대기로 젓는 혐기발효와 반대입니다. 혐기발효는 무산소 발효이고 호기발효는 산소 발효입니다. 혐기발효는 오래 걸리지만 양분 손실이 적은 데 비해, 호기발효는 단기간 숙성되지만 가스 발생 등으로 양분 손실 우려가 있습니다. 톱밥 같은 매질을 넣어서 매질의 틈새가 머금고 있는 공기, 곧 산소를 이용해 발효하는 겁니다. 섞는 비율만 적당하면 발효는 아주 잘 일어나 악취가 전혀 없고, 석 달이면 쓸 수 있는 양질의 퇴비가 됩니다.

옛날엔 톱밥 대신 재를 많이 썼습니다. 짚이나 장작으로 난방했기 때문에 재가 풍부했습니다. 요즘엔 재 구하기가 쉽지 않아서 문제입니다. 농촌에 가면 왕겨는 어렵지 않게 구할 수 있습니다. 톱밥도 원목 제재소를 가면 어렵지 않게 구할 수 있고요. 그리 비싸지 않습니다. 인터넷에서도 살 수 있는데 좀 비싼 편이고 수입 톱밥이 많습니다. 주변에 버섯재배 농가가 있어서 버섯 키우고 남아 버리는 폐배지를 구할 수 있으면 더 좋습니다. 아주 양질의 톱밥이 되기 때문입니다.

톱밥 대신 사용하면 좋은 재료가 가을이면 엄청나게 쏟아지는 낙엽입니다. 요즘엔 재활용보다 소각 처리되는 낙엽이 더 많습니다.[12] 공원이나 아파트에서도 낙엽이 꽤 발생하지만, 무엇보다 가로수 낙엽이 어마어마합니다. 문제는 가로수 낙엽엔 쓰레기가 많이 섞여 있다는 점입니다. 담배꽁초나 휴지 조각, 각종 비닐 등이 엄청나 재활용하기가 어렵습니다. 낙엽을 자원으로 소중히 여기는 시민 의식과 지자체의 노력이 절실합니다.

낙엽을 잘 활용하면 톱밥을 얼마든지 대체할 수 있습니다. 물론 버려지는 톱밥을 재활용하면 낙엽보다 훌륭한 재료이지만, 시중엔 의외로 수입 톱밥이 많아 재활용의 의미가 반감됩니다. 반면 낙엽은 처치 곤란한 폐기물이므로 이를 재활용할 제도와 시스템만 갖춘다면 똥으로 퇴비 만들기는 아주 수월해집니다.

이젠 똥보다 남은 음식물의 퇴비화가 절실한데 이 또한 낙엽이나 톱밥만 있으면 어렵지 않습니다. 다만 낙엽은 톱밥처럼 분쇄해서 사용해야 합니다. 그래서 여러모로 낙엽 재활용은 공공기관의 협조가 절대적으로 필요합니다. 남은 음식물은 똥보다 퇴비화가 좀 까다롭습니다. 일단 염분이 많고, 분쇄되지 않아 발효가 좀 더 걸립니다. 그러나 염분은 톱밥만 섞으면 허용 기준치 이하로 뚝 떨어지고 발효되면 그마저도 확 줄어듭니다. 전혀 걱정할 일이 없는데, 의외로 염분 때문에 음식물 퇴비가 좋지 않다는 소문이 퍼져 있습니다.

김치, 된장을 발효시키기 위해 항아리에 담듯이 음식물 퇴비도 발효 용기가 필요합니다. 다만 항아리와 다르게 퇴비통은 공기 구멍이 꼭 필요합니다. 바닥에 구멍을 많이 뚫어 침출수가 빠지게 하고 공기를 통하게 해야 호기발효가 잘 일어납니다. 그리고 빗물이

들어가지 않게 뚜껑을 꼭 덮어 둬야 합니다. 남은 음식물과 톱밥을 부피 기준 1:1.5 비율로 고르게 잘 섞어 통에 채우고 한 달쯤 지나 열어보면 70퍼센트 정도로 줄어있음을 볼 수 있습니다. 이는 공기가 줄어들었다는 표시입니다. 여분의 통에다 옮겨주면 공기가 새로 들어가고 퇴비 재료도 위아래가 뒤섞여 2차 발효가 일어납니다. 희끗희끗한 곰팡이 같은 게 점점이 피는데, 이건 곰팡이가 아니고 호기발효의 주인공인 방선균입니다. 잘 발효되고 있다는 증거이니 걱정할 일이 아닙니다.

오줌도 아주 좋은 비료입니다. 작물에 꼭 필요한 질소비료를 공급해줍니다. 오줌엔 화학비료에 없는 유산균이 많아 작물을 건강하게 키워주며, 오줌은 '우레아(Urea, 요소)'라고 하는 뿌리 발육 촉진제 역할을 하므로 더없이 좋습니다. 그리고 오줌은 발효시키기가 아주 쉽습니다. 페트병에 담아 뚜껑 닫아놓고 일주일 이상만 지나면 쓸 수 있습니다. 쓸 때는 꼭 다섯 배의 물로 희석해 씁니다. 오줌을 버리기 위해 변기에서 엄청난 양의 물을 버리는 시대에 오줌 재활용은 지구를 위한 아주 소중한 실천입니다.

쌀뜨물도 좋습니다. 오줌 모으듯 페트병에 담아 두고 일주일 지나 씁니다. 오줌에 비해 질소비료 성분이 적으므로 오줌과 일대일로 섞어 쓰면 좋습니다.

커피 찌꺼기 또한 아주 좋은 거름입니다. 양이 적으면 밭에다 뿌려주고 양이 많으면 큰 락앤락 용기에 담아 두고 보름이나 3주에 한 번 위아래로 뒤적여주면 잘 숙성됩니다. 커피 찌꺼기는 익기 시작하면 메주 뜨는 냄새가 나고 다 익으면 풋풋한 거름 냄새가 납니다. 앞에서 말한 희끗희끗한 방선균이 생기면 잘되고 있는 겁니다.

5장
Who 누구와 먹을까

왜 우리는 함께 밥을 먹을까

혼자 먹으면 입맛이 없는데 함께 먹으면 왜 입맛이 돌까요? 음식 뺏길까 빨리 먹다 보니 그런가 했는데, 그게 아니라 함께 먹는 사람의 음식 씹는 소리가 식욕을 돌게 만들기 때문이랍니다. 참으로 일리 있는 이야기입니다. 혼자 먹더라도 식당 같은 공공장소에 가서 먹으면 좋다는 말이 있습니다. 낯선 사람의 음식 씹는 소리라도 들으며 먹는 게 좋다는 말 같아 씁쓸합니다.

우리는 함께 밥 먹는 관계를 제일 중요시했고 낯선 사람과 밥 먹는 일을 매우 경계했습니다. 가족이란 말 대신 식구라는 말을 썼으니, 함께 밥 먹는 관계를 소중히 여겼음을 알 수 있습니다. 이 세상에서 가장 믿을 수 있는 관계는 피를 나눈 가족인데 그걸 식구라 표현했으니 피를 나눈 관계와 밥을 나눈 관계를 동급으로 봤던 겁니다. 그러면 왜 우리는 함께 밥 먹는 관계를 그렇게 중요시했을까요?

일단 함께 밥을 먹으려면 근본적으로 믿고 의지해야 합니다. 함께 밥을 먹는 것은 밥을 나누는 일, 곧 내 밥을 주고 상대방의 밥을 얻어먹는 일입니다. 동물만 봐도 가족이 아니면 함께 밥을 나누는 일은 없습니다. 그러니 함께 밥을 먹는다는 것은 가족만큼이나 믿음을 갖는다는 뜻이 됩니다.

그다음으로 밥 먹는 시간은 잠자는 시간, 관계하는 시간과 함께 외적으로부터 가장 방어력이 해제된 때라 아무하고 함께 식사하면 위험합니다. 아무 데서나 잠을 자면 안 되고, 사랑하는 사이가 아닌 사람과 관계하면 위험하다고 본 것과 같습니다.

또 우리의 밥상은 특이하게도 밥과 반찬이 나뉘어 있고 그중 밥만 오롯이 자기 겁니다. 반찬은 남과 함께 먹어야 하니 상대방의 침을 먹기 쉬워서 감염의 우려가 있습니다. 보통의 믿음 갖고는 함께 먹기 힘들었습니다.

자연계에서 함께 밥 먹는 동물은 육식동물 일부에서나 볼 수 있고 초식동물을 비롯해 대부분은 혼자 밥을 먹습니다. 부모가 사냥한 것을 새끼들과 먹거나 동료들이 집단으로 사냥한 것을 먹는 정도가 함께 먹는 경우죠. 그러니까 인간의 함께 먹는 밥 문화가 공동체 문화에서 생겨났다는 걸 어렵지 않게 추정할 수 있습니다. 함께 사냥한 구석기 문화도 작용했겠지만, 공동체가 발달한 농경 문화가 더 크게 작용했을 겁니다. 특히 분업의 발달로 밥 생산에 직접 이바지하지 않는 구성원이 늘어났는데, 그들은 공동체 문화가 아니고선 밥 먹을 기회가 없었을 테니 함께 먹는 문화는 공동체 유지에 필수 시스템이 되었습니다.

식구를 넘어 마을로
마을을 넘어 미물까지

당연히 식구와 먹는 밥이 좋습니다. 그런데 식구라는 개념은 매우 폭넓습니다. 좁게는 혈연인 직계 가족에서부터 방계 친척을 말하고, 나아가 마을공동체, 함께 일하는 사회적 관계로까지 확장되기도 하죠. 그중 가장 원초적이고 근본적인 식구는 역시 어릴 때부터 함께 밥상을 마주해 온 혈연 가족입니다.

저는 이와 더불어 먹을거리를 함께 생산한 관계를 식구로 추가하고 싶습니다. 어떤 면에선 이들 또한 원초적 식구입니다. 어머니 중심으로 맺어진 가족에 못지않은 원초적 관계일 수 있죠. 폐쇄적 가족관계를 넘어선 사회적 관계 관점에서 보면 더 근본적일 수도 있습니다. 아마 이게 공동체의 원초적 모습일지 모릅니다.

공동체의 원형을 밥상공동체, 생산공동체, 육아공동체, 이렇게 세 가지로 나눠 봅시다. 밥상공동체는 식구였을 테고 생산공동체는 마을이었을 겁니다. 육아공동체는 할머니, 할아버지가 중심인 대가족이자 육아에 함께 협력하는 마을이었을 테고요. 이렇게 보면 공통분모는 식구보다 마을입니다. 옛날 마을은 대부분 씨족 사회였음을 고려할 때 마을과 식구의 경계가 명확하지 않았을 거로 추정할 수 있습니다. 다르게 보면 식구의 확장을 마을이라 할 수 있죠. 그래서 마을이 사라진 지금, 식구란 말이 사라지고 가족이라는 폐쇄적인 말을 쓰는 게 아닐까요?

마을의 구성원은 다양했습니다. 가장 극적인 존재가 바로 거지입니다. 거지는 요즘의 노숙자와 다릅니다. 노숙자는 어느 마을에도 소속되지 않는 유랑인이지만, 거지는 조금 독특한 마을공동체 구성원이었습니다. 주변인이었지만, 이 마을 저 마을 다니며 소식을 전해준 대가로 먹을거리를 얻어먹었습니다. 농번기에는 바빠서 사람들이 놓치는 일도 해주었는데요, 대표적으로 섬이나 가마니를 짜는 역할이었습니다. 볏짚으로 가마니를 짜려면 장마철처럼 습할 때가 좋습니다. 볏짚이 수분을 적당히 머금어야 부드러우면서 질기기 때문이죠. 그런데 마을 사람들은 이때가 아주 바쁜 농번기라서 가마니 짤 엄두를 내지 못합니다. 그때 거지들이 와서 대신 가마니를 짜주었으니 그들은 꼭 필요한 존재였습니다.

잘 아는 선배 한 분이 어릴 적 겪은 거지 관련 이야기가 재밌어 소개할게요. 선배 어머니가 건설 노동자를 위한 임시 식당을 운영했는데 끼니때마다 찾아오는 거지들에게 공짜로 밥을 차려주었답니다. 가끔 용돈도 건네주었죠. 어린 선배는 어머니의 마음을 이해하지 못했는데, 얼마 가지 않아 그 의미를 실감하는 사건이 일어났습니다. 식당에 큰불이 났는데, 소방차도 변변치 않던 시절이라 식구들이 직접 물을 떠다가 끄고 있었습니다. 손이 모자라 허둥지둥하는데 난데없이 몸을 사리지 않고 불을 끄는 사람들이 나타났으니, 바로 밥을 얻어먹던 거지들이었습니다.

옛날엔 마을의 어느 집이든 잔치가 있으면 먹을거리 한 상을 대문 밖 가장자리에 차려놓는 문화가 있었습니다. 거지처럼 배곯는 사람들을 위한 음식이었습니다. 이는 제사 지낼 때 "고수레" 하며 차린 음식의 첫 숟가락을 떼어 제사상 주변이나 바깥에 던져놓는 문화와 서로 통합니다. "고수레" 하며 음식을 버리면 벌레 같은 미물들이 먹습니다. 그리고 성묘에 가서 고수레 하면 조상만이 아니라 조상 옆 이웃 귀신도 먹을 수 있습니다. 고수레를 하지 않고 먹으면 배탈이 난다는 민속신앙이지만, 남과 나눠 먹어야 탈이 나지 않는다는 뜻이니 나눔 문화의 발로라 할 만합니다.

나눔 문화는 독점과 지배 원리가 작동하는 계급사회에도 매우 중요했습니다. 가령 지주가 소작농을 지배할 때 나눔은 자신의 권위를 유지하는 데 매우 요긴하게 쓰였습니다. 소작농이 논에 벼를 심으면 소작료를 거두지만 논둑에 콩을 심으면 지주는 소작료를 물리지 않았습니다. "마음은 콩밭에 가 있다"라는 속담이 그래서 나온 게 아닐까 싶습니다. 밭에 심은 주요 작물은 소작료를 내더라도 사이사이에 드문드문 심은 부작물은 눈감아주었습니다. 이는 생태 농법에서 매우 중요한 혼작(섞어심기) 재배법을 퍼뜨린 주요 동력이 되었죠.

소설 《혼불》의 첫 장면엔 주인공인 지주 며느리가 외출 나갔다가 집에 들어오는 길에 논둑에서 일하는 소작농 집 며느리를 만나 "오늘 자네 집 제사 있지 않은가?"라고 말을 건네는 장면이 나옵니다. 그제야 손꼽아 보던 아낙이 "어이쿠 맞네요. 큰일 났네" 하며 서둘러 발걸음을 집으로 향하는데, 지주 며느리는 집에 돌아와 집사를 시켜 제수 몇 가지를 그 소작농 집에 가져다주라고 이릅니다. 참으로 인상 깊은 장면이 아닐 수 없습니다. 평소 잘 알고 지내던 선배가 마침 종갓집 아들이어서 이 얘길 전했더니 "옛날엔 지주들이 다 그랬어. 그게 집사의 주요 업무야"라고 대답하더군요. 그래야 소작농이 지주를 잘 따른다는 겁니다. 나눔이 지배의 한 통치방식 같아 씁쓸하긴 하지만, 그조차 보기 힘든 요즘 처지에서 꼭 부정적으로만 볼 일은 아닌 것 같았습니다.

누구와 밥을 먹을 것인가 할 때 1차 대상이 혈연적 식구라면, 2

차 대상은 사회적 식구인 마을입니다. 3차 대상은 고수레 문화에서 엿볼 수 있듯이 인간을 넘어 미물까지, 나아가 귀신까지 확장할 수 있습니다. "고수레!" 소리 내며 나누는 음식은 먹다 남은 게 아니었습니다. 차려진 음식의 첫술을 떼 내어 나누었고, 그 나눔의 대상이 하찮다 해서 하찮은 음식을 떼어주지 않았습니다.

원치 않는 사람과 먹을 때

밥을 식구나 반가운 사람하고만 먹을 수는 없습니다. 사회 활동하다 보면 꼴 보기 싫은 사람하고도 먹어야 하는 일이 종종 생깁니다. 평소 사람을 별로 가리지 않는 저도 예전에 회사 다닐 때 영업상 부득이 불편한 사람과 식사하게 되면 집에 와서 속이 얹히는 일이 가끔 있었어요. 아마 감당하기 힘든 일이 있었기 때문으로 기억하는데, 몇 번 그런 일이 반복되자 내 능력을 벗어난 일이라 판단하고 회사를 그만두었습니다. 아마도 불편을 준 그 사람이 문제가 아니라 그런 일이 생길 수밖에 없는 사회 문화가 문제일 겁니다.

그리고 생각해봤습니다. 세상에 참으로 이상한 일 가운데 하나가 누군가에게 월급을 받아야 살 수 있다는 사실, 반대로 누군가에게 월급을 주어야 살 수 있다는 사실입니다. 세상에 제일 빨리 돌아오는 게 월급날이라 하지 않던가요? 어제 준 것 같은데 오늘 또 월급날이라 하고, 월급쟁이가 기다리는 날은 월급날뿐이라는 말이 있을 정도입니다. 내 삶에서 내가 주체가 아니라니, 삶이 누군가 다른 이에게, 어떤 시스템에 맡겨져 있다니 생각할수록 이상했습니다. 직장을 그만둔 뒤 우연히 흙을 알게 되고 생명을 체험하면서 농사를 짓게 되었어요. 어딜 가나 돈에서 벗어날 수는 없어 부득이 사업체를 운영하고 있지만, 그래도 흙을 밟고 생명을 누리면서 최소한의 자급자족한 삶을 살아가니 비로소 내 자릴 찾은 느낌입니다.

비즈니스가 아닌 인간적인 만남조차도 꼭 외식이 따르기 마련입니다. 특히 오지랖 넓은 저로선 이런저런 관계가 적지 않아 외식할 일이 적지 않아요. 고향 친구, 학교 동창, 사회에서 만나 친해진 사람, 이웃사촌 등. 그래서 미안하지만, 일정하게 거리를 두는 것이 중요한 과제입니다. 다섯 살 때부터 만나 온 고향 친구들은 너무나 소중한 벗들이라 만나면 무조건 좋기만 한데 대화거리는 점점 줄어 애경사 있을 때만 만납니다. 평생을 식구처럼 만날 것 같았던 친한 동창들도 일 년에 한 번 만날까 말까 합니다. 이웃사촌과는 친하게 지내지만, 술친구는 하지 않습니다. 바로 옆에 있기에 자칫 사생활까지 침범할 수 있거든요. 그리고 이제 환갑이 넘은 친구들에겐 이런 잔소리를 하곤 합니다.

"산 날보다 살날이 짧아졌으니 이젠 좀 덜 만나자. 갈 때는 혼자 가는 것이니 대비해야지. 늙은이끼리 자꾸 만나면 더 늙어진다. 손주들 봐주든가, 아니면 젊은이들 도와주든가, 자칫 꼰대 소리 들을 수 있으니 말수를 줄이고 덕담만 하든가, 그도 힘들면 이젠 외로움과 친해져야지."

이렇게 젊은이들에겐 못하는 잔소리를 친구들에게 합니다.

거리두기를 해도 불가피한 외식 약속이 생기게 마련입니다. 그럼 당연히 원하지 않는 음식을 먹게 됩니다. 한때는 장례식장이나 결혼식장 음식을 먹지 않으려 일부러 식사 시간을 피해서 가기도 했습니다. 그런데 생각해보니 이도 집착이더군요. 이왕 먹는 음식 마음 편히 즐기자고 다시 마음먹었습니다. 그게 이 책의 주제와도 맞습니다. 음식을 먹는 것은 음식 그 자체만이 아니라 음식을 둘러싼 문화를 먹는 것이라고. 그리고 음식보다 물이 중요하고 물보다 공기가 중요하고 공기보다 마음이 중요하다는 말과도 상통합니다. 물론 오해하지 마시길 바랍니다. 마음만 중요한 것은 아님을….

외식이 많아진 사회문화적 배경으로는 사(私)적인 일보다 공(公)적인 일을 중요시하는 풍조가 있습니다. 이젠 외식이 당연시되는 시절입니다. 점심은 급식으로, 저녁은 술자리로 해결하고 아침은 굶습니다. 아침조차 급식으로 해결하는 예도 늘고 있습니다. 그래서 저는 공사(公私)를 구별하는 세계관을 비판해요. 오히려 사적인 비중을 높일 때라고 역설하기도 하죠. 내(私)가 있어야 공이 있지

공이 있어야 내가 있지 않다고.

　여기에서 사는 공과 대립하는 개인주의나 이기주의를 말하는 것이 아닙니다. 수신제가치국평천하(修身齊家治國平天下)라는 말처럼 내가 있어야 집도 있고 나라도 있고 천하도 있습니다. 여기서 '나'는 아집(ego)이 아닌 자연[13]과 소통하는 나로 보아야 합니다. 사실 아집은 따지고 보면 공적 관계에서 생긴 부작용이라 할 수 있습니다. 개인주의나 이기주의는 나를 방어하기 위한 아집의 모습이고, 조직주의나 전체주의는 남을 지배하기 위한 아집의 모습입니다. 자연과 소통하는 나가 명확히 선다면 공적인 일에 그렇게 집착할 필요도 없습니다. 그렇게 나를 제대로 세우기 위한 일 가운데 근본이 '먹기'이니 어찌 사적인 일이라며 애써 외면할 수 있겠어요?

　이처럼 근본으로서의 사가 제대로 세워져 있다면 누구를 만나든 거리낌 없고, 누구를 만나더라도 사가 흔들리는 일은 없습니다. 잠시 근본과 거리가 먼 음식을 먹더라도 안달할 일이 무엇이겠습니까?

혼밥의 시대에는 어떻게?

    혼자 밥 먹는 시대가 되었습니다. 안타까워하는 사람이 있는가 하면 세태의 변화라며 당연시하는 사람도 있습니다. 젊은이에겐 자유일 수 있으나 늙은이에겐 고독입니다. 누구나 혼자 태어나고 혼자 떠나가니 외로움은 인간의 근본적인 존재 형태입니다. 물론 태어날 때는 산파가 됐든 산부인과 의사가 됐든 누군가의 도움을 받아 태어나고, 갈 때는 병원의 의사와 장례식장의 장의사 도움이 필요하므로 관계(공동체)도 중요한 존재 방식입니다. 나이 들어 점점 늘어가는 고독함을 넋두리하는 친구들에게 "외로움은 천국 가는 지름길"이라고 뻥 치지만, 이제 제게도 외로움은 자유보다 쓸쓸함에 가까워지는 것 같습니다. 그러나 한참 가정을 꾸리고 후손을 일구어야 할 젊은이들마저 혼밥을 즐긴다니 안타까운 일이 아닐 수 없습니다.

이런 현상을 먼저 이해하고 넘어가고자 합니다. 사실 한참 일을 통해 자기를 실현해야 할 젊은이에게 가정과 아이는 큰 걸림돌일 수 있습니다. 특히 여성에게 더 부담스러울 수 있습니다. 출산과 육아의 부담을 훨씬 크게 떠안아야 하기 때문이죠. 육아는 배우자나 부모의 도움이나 사회적 지원을 받는다 해도 출산의 고통은 고스란히 본인이 떠안아야 합니다. 그로 인한 육체적 부담과 사회적 단절은 작지 않습니다.

사실 이 문제는 인간이 갖는 근본적인 한계이자 인간만이 가진 장점이자 무기였습니다. 길어진 임신 기간은 인간의 두뇌를 키웠고, 그보다 훨씬 긴 육아 기간은 양질의 교육 훈련을 받을 기회를 제공했으며, 그 과정에서 인간은 고도의 공동체 조직 능력을 배양했습니다. 그 덕에 만물의 영장이 될 수 있었지만, 그 한계로 인해 인간의 존재마저 사라질지 모른다는 우려를 낳고 있습니다.

그동안 인류는 출산과 육아의 한계를 공동체라는 무기를 이용해 극복해 왔습니다. 그래서 옛말에 "아이는 낳기만 하면 하늘이 키워준다"고 했습니다. 하늘은 하는 말일 테고 실제로는 할머니, 할아버지가 키워주었고 마을이 키워주었습니다. 현대는 아이를 키워줄 할머니, 할아버지는 너무 늙었고 마을 대신 국가 시스템이 작동하지만, 잠자는 시간까지 대신할 수 없으니 아무리 육아 지원금을 줘도 한계는 뚜렷합니다.

사실 마을공동체의 육아는 시스템 작동이라는 의미만으로는 해석할 수 없습니다. 아이는 육아 산업의 수익 대상이 아닌 온 마을의 공동 자식이라는 문화가 자리하고 있었습니다. 그래서 하늘이 키워준다고 할 만큼 귀하게 여긴 겁니다. 아이를 잉태한 임신부는 산부인과의 환자가 아니라, 성모 마리아만큼은 아니라도 그 못지않게 귀하게 여겼으니 지원금이나 주고 마는 국가 시스템이 어찌 그걸 대신할 수 있겠어요?

그렇지만 혼밥 시대의 배경으로 제가 이보다 더 주목하는 것은 사회적 관계의 왜곡입니다. 이른바 갑질이나 꼰대 문화가 너무 뿌리 깊어 관계가 보호망이 아닌 억압 장치가 되고 말았습니다. 개인의 개성과 자존감(自存感)을 북돋아주는 관계는 이상에 불과할 뿐입니다.

저 같은 베이비붐 세대는 공동체 문화 속에서 자란 마지막 세대입니다. 그러다 보니 공동체에 무한한 기대와 믿음을 갖고 있습니다. 그렇지만 한편으로는 공동체에 대한 지나친 신념이 또 다른 편향을 낳을 수 있다고 우려합니다. 공동체 없이도 살 수 있다면 그 또한 좋은 삶의 방식이라고 역설하는 이유입니다. 그러면서 제가 만든 게 바로 잎사귀론(論)이에요. 잎사귀는 잎사귀끼리의 관계보다는 뿌리를 통한 흙과의 관계, 광합성을 통한 태양과 하늘과의 관계를 더 중요시합니다. 코로나는 그런 이치를 알게 해준 계기였죠. 사회적 관계 속의 소통이 적어진 대가로 사람들은 비로소 혼자 있을 수 있음을 알게 되었습니다. 그것은 사회적 관계가 주는 소통의 기쁨보다 더 깊은 소통의 가치를 깨닫는 기회였습니다. 사람과의 소통이 줄어든 대신에 자연과의 소통을 늘릴 기회 말입니다

그래서 혼밥의 시대가 새로운 기회를 열어주는 계기가 되길 바랍니다. 아무거나 배만 부르면 되는 먹을거리가 아니라 생명과 자연이 깃든 먹을거리를 먹기 위해 조금씩 노력하면 좋겠습니다. 개성과 자존감은 사회적 관계 속에서 획득할 수 있는 게 아니라, 스스로(自) 나다울(然) 때 획득할 수 있다고 서서히 몸으로 느끼면 좋겠습니다.

밥은 밥의 고향에서

집밥이 있듯이 고향밥이 있습니다. 고향에서 먹는 밥이라기보다 밥의 고향에서 먹는 밥을 말합니다. 신토불이나 지역 먹을거리 정신과 맥을 같이합니다. 밥맛에는 밥 자체 맛만이 아니라 그 밥을 둘러싼 환경의 맛도 있습니다. 밥을 만든 그 환경에서 먹을 때 밥과 환경의 조화로움이 밥맛을 더욱 높여줍니다.

한번은 강화도에 가서 지역 특산물로 유명한 순무김치를 먹어보니 그 맛이 기가 막혔어요. 그런데 돈 주고 사서 집에 와 먹으니 희한하게 그 맛이 살아나질 않더라고요. 표피적인 맛이야 여전하지만, 강화도 바닷바람과 함께 먹을 때 느낀 그 특유의 맛은 살아나지 않아 아쉬웠던 기억이 있습니다. 순무는 워낙 강한 생명력을 갖고 있어 어디에서나 재배하기 쉽습니다. 그런데도 순무 하면 강화도가 최고입니다. 아마도 갯벌이 발달한 섬 지역의 특성이 순무와 잘 조화를 이룬 게 아닌가 싶습니다.

반대 경우도 많습니다. 유명한 지역 음식이 요즘엔 그 지역보다 서울에서 더 맛있는 경우가 많습니다. 한번은 전라도 음식으로 유명한 홍어회를 제일 맛있게 한다는 광주의 어느 식당에 가서 먹었는데 서울에서 홍어회로 유명한 식당보다 맛이 덜해서 실망했어요. 홍어회 최고 실력자가 서울에 와서 그런 걸까요? 그와 비슷하면서 조금 다른 경험을 이탈리아 음식으로 유명한 파스타로 했습니다. 별로 좋아하지 않는 음식이라 이탈리아 가서 먹어도 별로 맛을 느끼지 못했어요. 그런데 한국에서 이탈리아 음식 맛을 원산지처럼 낸다는 식당에 가 파스타를 먹어보고는 그 맛에 놀라고 말았죠. 어찌나 맛있던지 그 후엔 가끔 찾아 먹는 음식이 되었는데, 반전은 머지않아 또 찾아왔어요. 또다시 이탈리아 갈 기회가 있어 파스타를 찾아 먹어봤더니 기대와 전혀 다르게 맛이 별로더라고요, 참~. 결국 제가 맛있게 먹은 그 파스타는 이탈리아 음식이 아니라 우리 음식이 되고 만 것일까요? 중국엔 없다는 우리나라 중국집 음식 짜장면이 떠오릅니다. 중국에 있는 중국집에서 한국인을 대상으로 그 짜장면을 만들어준다면 우리나라에서 먹는 짜장면의 그 맛이 살아날까요?

가끔 특정 음식만을 취급하는 식당에 가보면 특유의 냄새가 납니다. 아마 오랜 세월 한 음식만을 다루다 보니 그 냄새가 식당에 배었을 겁니다. 희한하게 그 냄새를 맡으며 음식을 먹어야 제맛이 나니 그게 바로 밥의 고향 맛일 겁니다.

밥의 고향 맛을 좌우하는 근본은 흙 맛입니다. 흙은 밥을 만든 근본이지만 흙 자체의 맛이 밥맛에도 영향을 미칩니다. 저는 국내든 해외든 멀리 여행을 가면 그곳 흙냄새를 꼭 맡아봐요. 그리고 그곳 음식 맛을 떠올려보고, 그곳 사람들의 인성과 그 지역 문화를 관련지어 봅니다. 포항의 한 농촌을 방문한 적이 있는데 이암이라는 돌이 신기했어요. 방문한 농장 곳곳에 이암이 널려 있었는데, 돌이 많은 흙치고 희한하게도 흙살이 살아있었어요. 돌이 많으면 흙은 거의 척박한데 그렇지 않아서 주인장에게 물어보니 이암 때문이라고 하더군요. 그렇습니다. 이암은 남다른 돌이었습니다. 여느 돌처럼 단단하지만, 물만 닿으면 금방 풀어질 만큼 조금만 힘을 가해도 잘 부서지는 돌이었습니다. 이암은 퇴적암의 한 종류입니다. 모래가 퇴적되어 형성된 사암이나 자갈이 퇴적되어 만들어진 역암과 달리 진흙이 오랜 세월 쌓여 단단해진 돌이어서 잘 부서지는 특징을 지녔습니다. 그래서 이암은 바닷가나 삼각주 지역에 잘 형성됩니다. 우리나라에선 포항을 비롯해 영남 지역에 많이 분포합니다.

그런 토양 조건에서 시금치가 잘 자랍니다. 포항 시금치는 '포항초'라 따로 불릴 정도로 포항의 대표적인 특산물입니다. 시금치는 약간의 알칼리 토양을 좋아하고 미네랄 중 칼슘, 마그네슘을 특히 좋아합니다. 처음엔 이 얘길 듣고 포항제철을 떠올렸습니다. 포철의 대형 용광로에서 발생하는 많은 양의 마그네슘 슬러지가 밭에 뿌려지는 건 아닐까 추측했죠. 그런데 막상 농촌 현장에 가서 보니 '이암 때문이구나' 싶었습니다. 이암에 풍부한 마그네슘, 칼슘이 시금치의 요긴한 양분이 된 겁니다. 이암이 만들어낸 포항의 흙 맛이 시금치 맛을 만들어 내니 포항에서 먹는 시금치 맛은 남다릅니다.

밥의 고향 맛에는 흙 맛 말고도 공기 맛과 물맛이 있습니다. 공기와 물은 음식의 재료이므로 두말할 필요 없이 중요합니다. 그리고 공기와 물 말고도 소중한 맛이 있으니 바로 날씨 맛입니다. 재밌는 날씨 맛으로 비 올 때 해 먹는 부침개, 국수, 수제비 등 밀가루 음식이 있습니다. 왜 하필 비 올 때 이런 음식이 당길까 알아보니 부침개 부치는 소리가 빗소리와 비슷해 모방하고 싶은 욕구를 자극하기 때문이라는 설이 있습니다. 또 밀가루 음식이 기분을 좋게 해주는 특성이 있어 비로 가라앉은 기분을 높여주기 때문이라는 설도 있습니다. 어쨌든 비 오는 날씨 맛이 밀가루 음식의 맛을 더해주는 것은 틀림없어 보입니다. 크게 보면 음식은 흙과 날씨가 만들었고 흙과 날씨 맛은 밥의 고향 맛 그 자체이니, 고향 맛을 밥맛과 함께 즐길 때 음식의 맛이 배가됩니다.

마지막으로 밥의 고향에서 밥을 함께 먹을 사람 맛을 이야기하고 싶습니다. 사실 밥맛은 누구와 함께 먹느냐에 크게 좌우됩니다. 앞에서 누구와 함께 먹을 것인가를 자세히 다루었으므로 여기에선 고향에서 고향 사람들과 먹는 이야기를 하겠습니다. 사람은 누구나 냄새가 있습니다. 여러 냄새가 있겠지만 가장 기본은 음식 냄새입니다. 밥의 고향에선 사람들의 냄새가 비슷비슷하니 같은 냄새를 가진 사람들이 있는 곳에서 먹을 때 그 밥의 제대로 된 맛을 누릴 수 있지 않을까요?

밥은 집에서

밥은 역시 집에서 먹어야 제맛입니다. 왜 그럴까요? 답을 찾기 위해 재밌는 이야기로 집에 대한 우리의 전통 관념을 먼저 소개하고자 합니다.

우리 조상은 집에 여러 신이 산다고 믿었습니다. 애니미즘 (Animism)이라 할 수 있는 선사 시대의 세계관입니다. 여기서 말하는 대표적인 집의 신, 곧 가신(家神)에는 대들보에 살며 집을 지켜주는 성주신, 부엌을 맡는 조왕신, 안방에서 출산과 육아를 관장하는 삼신할미가 있습니다. 그 외 뒷간(측간)에는 측신, 대문 앞을 지키는 문전신, 장독대를 지키는 천룡신, 가축을 지키는 우마신, 우물을 지키는 용왕신, 광이나 지붕에 살며 복을 주는 업신, 집의 땅을 지켜주는 토주신 등이 있습니다. 이 신들은 거대 종교에서 말하는 절대자,

조물주 같은 개념이 아니라 정령이나 요정 같은 소박한 개념입니다. 그중 조왕신에 주목해보겠습니다.

부엌 신인 조왕신은 부뚜막신으로도 불리는 데서 알 수 있듯이 부뚜막에서 음식을 만드는 불을 주관합니다. 예전에는 불을 신성시하다 보니 절대 불을 꺼뜨려선 안 됐습니다. 얼마나 불을 귀하게 여겼으면 이사할 때도 불씨를 꺼뜨리는 건 상상할 수 없었습니다. 어릴 때 이사를 많이 다녔던 제 어머니도 살아있는 연탄불 화덕을 조심조심해서 싣고 갔던 기억이 납니다. 그 외에 부뚜막에는 금기가 많았습니다. 불 때면서 악담해서는 안 되고, 부뚜막에 걸터앉아도 안 되며, 함부로 발을 디뎌서는 안 될 뿐 아니라, 늘 부엌을 깨끗하게 관리해야 했습니다. 조왕신이 다 지켜보고 있다가 하늘에 올라가 일러바친다는 건데 그건 그냥 하는 말입니다. 그보다는 불을 다루어야 하는 공간이니 늘 조심하고, 식구들 먹을 음식 하는 곳이니 깨끗하게 관리하라는 뜻이었습니다. 무엇보다 악한 마음이 아니라 사랑의 마음이 담기도록 해야 한다는 뜻이 근본입니다.

재밌는 건 불의 신 조왕신에게 물을 바친다는 점입니다. 부뚜막 위의 간단한 선반에 정화수를 깨끗한 사발에 담아 올리고는 두 손 모아 감사한 마음을 바쳐 음식을 합니다. 불의 신에게 불과는 상극인 물을 바친다면 불의 신이 노여워하지 않을까요? 아닙니다. 단순하게는 물과 불의 조화로 만들어지는 음식을 상징하는 것일 수

있고, 나아가서는 물과 불의 조화로 만물을 창조하는 신성한 공간
인 부엌을 표현하는 것일 수 있습니다. 물과 불이 창조의 동력이 되
려면 물은 위에 있고 불은 아래에 있어야 합니다. 물은 아래로 내려
가려 하고 불은 위로 올라가려 해서 순환이 됩니다. 반대로 있으면
창조가 아니라 정체가 됩니다. 그래서 정화수를 불이 있는 부뚜막
위에 바치는 겁니다.

원래는 가신 중에 조왕신을 으뜸으로 봤습니다. 그런데 성주신
이 들어와서 조왕신의 지위를 떨어뜨린 셈인데, 여기엔 여성을 대
표하는 조왕신의 모계사회가 남성을 대표하는 성주신의 부계사회
로 바뀐 사회상이 반영돼 있습니다. 그러다 유교가 들어온 이후 가
부장 남성은 조상신을 모시는 제사장이 되고 여성은 성주신을 비
롯해 조왕신, 그리고 여러 가신을 모시는 고사의 제사장이 됩니다.
사무실이나 가게를 개업할 때, 사업용 새 차를 살 때 돼지머리와 북
어와 떡을 올려 지내는 고사는 가신께 기원을 드렸던 흔적이라 할
수 있습니다.

과학 문명이 지배하는 세상에 가신이나 조왕신이 어디 있냐고
따지겠지만, 중요한 건 그런 신이 있고 없고가 아니라 매사 신중하
고 감사한 마음을 갖고 살아가는 태도입니다. 집은 그냥 잠만 자는
여관 같은 곳이 아니라 집에 사는 사람들을 보호해주는 어머니와
같은 존재입니다. 집을 나의 또 다른 분신 같은 존재로 해석할 수도

있고요. 집과 내가 하나인 셈입니다. 조상 대대로 살아온 집이라면 그 의미는 더할 겁니다.

요즘은 다 비슷한 생김새의 아파트에 살다 보니 집이 소중하다는 관념이 적어졌습니다. 어쩌면 여관과 같은 혼(神)이 없는 집에서 부초 같은 삶을 살고 있다고 할까요? 그렇다고 옛날로 돌아갈 수는 없는 일이니, 변화된 현실에 맞게 조상의 삶의 지혜를 활용할 수만 있어도 좋겠습니다.

바깥일에만 너무 열과 성을 쏟지 말고 집안일도 그만큼 정성을 들이는 것으로 조상의 지혜를 재해석해봅니다. 바깥일은 공적인 것으로, 집안일은 사적인 것으로 구별하면서 공적인 일을 무조건 우선시하는 풍토를 되돌아보자는 말입니다. 잠자고 먹고 쉬고 식구들과 함께 시간 보내는 일을 공적인 일만큼 중요시할 때 공적인 일도 잘 풀립니다. 말하자면 바깥일은 집안일처럼, 집안일은 바깥일처럼…. 나와 내 집은 사적이어서 하찮은 공간이 아니라 공적인 활동에 대비할 재충전의 영역입니다. 아니, 재충전도 바깥일을 위한 것 같아 마음에 드는 해석이 아닙니다. 집과 나를 하나로 보는 게 맞을 것 같습니다.

집은 여관이나 식당과는 엄연히 다른 공간입니다. 집에 깃들어 있는 신(정령, 자연, 떠나가신 조상 등 소중한 존재)과 소통하며 나를 치유하고 재충전하는, 그래서 나만의 신전 같은 공간으로 집을 아낀다면 자존감이 아주 많이 커질 거라 믿습니다. 신이 깃들지 않은 식당에서 신이 깃들지 않은 밥을 매일 먹는 삶과는 질적으로 다를 수밖에 없습니다. 어쩌다 불가피하게 바깥에서 잠자고 먹더라도 큰 문제가 아닙니다. 내 집에 가면 신이 있으니….

밖에서 먹을 때

항상 원칙대로 살 수는 없는 법입니다. 맨날 좋은 밥을 먹을 수 없듯 맨날 좋은 곳에서 먹을 수는 없습니다. 이 글을 쓰고 있는 저도 부득이 밖에서 이상한 밥을 먹는 일이 다반사예요. 의외로 불량 식품을 선호할 때도 있고요.

그래서 나름 원칙을 세웠습니다. 일주일에 저녁 약속은 두 번을 넘지 않기, 일요일엔 절대 외출 금지 등입니다. 사람들은 요즘 세상에 어떻게 그런 원칙을 지킬 수 있냐고 의문을 품습니다. 방법은 간단합니다. 가령 일요일에 무슨 만남 제안이 생기면 선약이 있다고 하면 됩니다. "나는 절대 일요일엔 쉬어야 한다"고 하면 예외 없이 이상한 사람 취급합니다. 물론 문상 가야 한다든가 결혼식에 간다든가 하는 불가피한 경우는 어쩔 수 없습니다. 그 외 사회활동으로 해야 할 일마저 피해버리면 더 큰 문제를 불러오니 어쩔 수 없을 때도 있습니다. 그래서 기계적으로 잘라 통제하기는 쉽지 않지만, 되짚고 넘어갈 점은 있습니다.

요즘은 지나칠 정도로 소통을 강조합니다. 소통이 많아지면 회의가 많아집니다. 저도 사회활동을 하다 보니 직원을 두고 일하는데, 그래서 별로 필요하지도 않은 사무실을 구하고 최소 일주일에 한 번씩 회의를 했어요. 곰곰이 보니 사무실 유지하는 데도 비용이 들고 회의하는 데도 비용이 들더라고요. 이건 문제가 있다고 판단해 과감히 없애버렸습니다. 회의는 안 하고 만남은 거의 몇 달에 한 번, 불가피한 경우에만 갖습니다. 대부분 SNS와 온라인으로 업무를 처리하죠. 물론 그 직원과 적지 않은 세월 동안 쌓아온 신뢰가 있어 식구나 다름없고 워낙 베테랑 전문가가 돼서 이래라 저래라 할 일이 별로 없습니다.

새로 온 식구들도 마찬가지입니다. 초보자이다 보니 실수가 있고 그로 인한 비용 발생 부담이 있지만, 그렇다고 옛날처럼 통제방식을 쓰면 내 일만 많아집니다. 사람은 스스로 해결해야 할 어떤 상황에 부닥치면 누구나 주인이 됩니다. 사장이 급여를 주는 게 아니라 자기가 자기 걸 벌어간다는 주인 의식을 가지면 누구나 전문가가 될 수 있습니다. 다만 일정한 세월이 필요한데, 지켜봐주고 믿어주고 보완해주는 과정이 필요합니다. 물론 가끔은 이렇게 해도 조직이 감당하기 힘든 사람이 들어올 때가 있습니다. 그 사람에게 문제가 있기도 하겠지만 감당해주지 못하는 조직의 한계도 있습니다. 이런 방식을 이미 취해 왔기 때문에 코로나 시대에 접어들어서도 비대면 체제로 인한 어려움이 크게 없었어요. 당연히 만남과 소통에 꼭 붙어 다니는 외식도 줄어들었습니다.

그렇지만 여전히 외식은 피할 수 없는 일이 틀림없습니다. 도시락 싸 들고 다닐 수도 없으니 이왕 먹는 거 즐겁게 먹기밖에 도리가 없습니다. 나쁜 음식도 가끔 먹어주면 소화하는 몸의 면역력이 높아질 거라 합리화합니다.

밖에서 먹는 밥 중에 제일 불편한 것은 아무래도 해외에 나가서 먹는 밥입니다. 특히 김치와 된장에 중독된 저로서는 참으로 곤혹스러운 일이 아닐 수 없어요. 소화 잘 안 되는 고기도 그렇고 밀가루 음식은 더 불편합니다. 그 지역만의 향채가 주는 독특한 냄새는 참으로 곤혹스럽죠. 사실 이 글을 쓰는 지금도 해외인데 속이 불편해 자다 깨서 작업하는 중입니다.

그럼 어떻게 해야 할까요? 잔뜩 우리 음식을 챙겨 오는 건 한계가 있습니다. 혼자 가는 게 아닌 데다 이왕 나왔으니 그 지역 음식을 경험하는 것도 중요한 여행의 맛이기 때문이죠. 일단 여행은 즐기러 가더라도 그 나라를 경험하는 것이니, 자연경관과 문화역사 유적 탐방뿐 아니라 음식 체험이 중요합니다. 그 나라를 즐기려면 먼저 음식을 잘 알아야 합니다. 아는 만큼 보인다는 말이 있듯이…. 또 그곳에 사는 사람들을 이해해야 합니다. 그래서 음식만큼 흙과 날씨, 그리고 그 지역에서 보는 하늘이 중요합니다. 음식이 그 사람들을 원초적으로 알 수 있게 해주며, 그 음식을 만들어준 건 흙과 날씨와 하늘이기 때문입니다.

특히 음식을 경험하면 그 지역 사람들을 직접 접할 수 있어 더 좋습니다. 식당에서 먹더라도 주인장이나 직원을 접할 수 있고, 초대받아 가정집 음식을 먹게 되면 더욱 좋습니다. 여행 방식도 단체여행보다는 자유여행이 좋습니다. 그래야 그 지역으로 쏙 들어가 접할 수 있거든요. 저는 음식에 꽤 보수적이지만 여행 맛을 즐기기 위해 애써 그 지역 음식을 먹어봅니다. 나한테 맞지 않는다고 무조건 배척하거나 멸시하는 태도는 참으로 유치합니다. 입맛에 맞지 않더라도 사람과 문화를 이해하기 위해 시도해봅니다. 우선 그 지역 음식 맛을 보면 사람들 몸에서 나는 냄새를 이해할 수 있고 사람들의 체형, 나아가 성격을 이해할 수 있습니다.

흙과 날씨와 하늘의 별자리도 그 지역을 이해하는 데 도움을 줍니다. 흙과 날씨는 지역의 문화와 사람들의 성격을 알 수 있게 해주는 아주 중요한 포인트입니다. 흙의 성격은 여러 가지인데 저는 특히 흙의 모태를 자세하게 봐요. 흙이 우리처럼 화강암에서 왔는지, 제주도나 울릉도, 일본처럼 화산에서 왔는지, 인도차이나 지역이나 이집트처럼 강물에 실려 쌓인 충적토인지, 열대 지역처럼 많은 비에 양분이 쓸려가버린 적토인지에 따라 먹을거리와 문화가 달라집니다. 화강암이 모태인 우리 흙은 아주 척박합니다. 돌이 많아 경운하기가 힘들죠. 이런 토양 조건에서 먹고살려면 아주 부지런하고 강인해야 합니다. 흙의 성격을 바로 사람의 성격으로 일치시킬 수는 없지만, 관련성은 어느 정도 추정할 수 있습니다.

날씨는 흙에 영향을 주지만 먹을거리에도 영향을 줍니다. 우리처럼 몬순기후 지대는 벼농사가 잘 됩니다. 건조한 초원 지대는 유목과 목축이 잘 되고, 유럽처럼 겨울은 덜 춥고 우기이면서 여름은 건조하고 뜨거운 지역은 밀 농사가 잘되는 식입니다. 쌀을 주식으로 하는지, 고기를 주식으로 하는지, 밀을 주식으로 하는지에 따라 문화와 성격이 나뉘는 걸 어렵지 않게 추정할 수 있습니다.

하늘의 별자리도 여행의 재미를 돋우는 데 도움이 됩니다. 특히 극적으로 대비되는 지역이 남아메리카, 남아프리카, 오스트레일리아, 뉴질랜드 같은 남반부 나라들의 별자리입니다. 이 나라들에선 지구의 자전 방향이 다릅니다. 북반구에 사는 우리에게 지구는 시계 반대 방향으로 돌지만, 그 지역에선 시계 방향으로 돕니다. 그래서 싱크대나 세면대 배수구의 물이 시계 방향으로 돌며 빠져나갑니다. 태양도 우리처럼 동쪽에서 떠서 남쪽을 거쳐 서쪽으로 지는 게 아니라, 동쪽에서 떠서 북쪽을 거쳐 서쪽으로 집니다. 초승달과 그믐달 모양도 반대입니다. 마치 북반구에서 물구나무서서 보는 꼴이죠. 별자리도 확연히 다른데, 우선 북극성이 보이지 않는 것은 당연하고, 대신 남십자자리(남십자성은 없습니다. 다만 하늘의 남극 위치만 있는 것인데 그게 남십자자리입니다)가 있습니다. 그리고 자전 방향이 달라서 별자리 회전 방향이 다릅니다. 그래서 그런지 우리는 남향을 중요시하는 것과 달리 그들은 북향을 중요시합니다.

아마 가장 극적으로 다른 점은 계절과 절기의 차이일 겁니다. 계절이 다른 거야 큰 문제가 아닐 텐데 절기가 다른 것은 많은 혼선을 불러옵니다. 가령 해가 가장 짧은 우리의 동지가 그들에겐 해가 가장 긴 하지가 됩니다. 북반구 문화가 강제적으로 도입되어 그걸 동지라고 받아들이라고 하니 문화적으로 적잖이 혼돈을 불러옵니다. 산타클로스가 거기에선 수영복 입고 다니는 단순한 문제가 아닙니다. 아무튼 별자리가 음식만큼 지역성을 드러내는 것은 아니니 다시 음식 얘기로 돌아가보겠습니다.

우리와 다른 음식을 먹어보는 일이 여행 맛을 즐기는 데 필요한 일일 수는 있습니다. 하지만 말만큼 쉽진 않으니 두 번째로 제가 시도하는 방법은 이른바 퓨전 음식 만들어 먹기예요. 우리 기름 대신에 올리브유를 사용한다든지, 그 지역 채소에 우리 초고추장으로 소스를 만들어 샐러드를 해 먹는 식입니다. 쌀을 주식으로 하는 우리나라에도 밀이 있듯이 밀을 주식으로 하는 나라라도 쌀은 있습니다. 다만 모래처럼 굴러다니는 이른바 알랑미여서 우리 입맛에 맞지 않는 것 같지만, 열린 마음으로 시도해보면 밀보다 훨씬 속이 편합니다. 앞의 'When' 장에서 소개한 대로 알랑미는 오히려 여름 음식으로 아주 좋습니다. 특히 보리밥으로 비빔밥 해 먹듯 알랑미 밥으로 비빔밥 해 먹으면 맛이 그럴듯합니다.

여하튼 부득이 내가 원하지 않는 지역에서 나한테 맞지 않는 음식을 먹게 되더라도 방법이 있습니다. 그 음식 또한 그 지역을 고향으로 한 먹을거리이고 주식으로 먹는 사람이 있음을 인정한다면, 즐겨 먹지는 못하겠지만 못 먹을 리도 없습니다. 되도록 그 지역성을 바탕으로 한 음식을 먹으면 좋겠습니다. 먹을거리의 다원성을 이해하고 열린 마음으로 받아들이면 그 지역 사람들에 대한 이해가 높아지고 여행의 질이 한층 높아질 겁니다.

7장
Why 다시, 왜 먹어야 할까

사회적 관계를 위해 먹는다

처음 제기한 질문으로 다시 돌아가고자 합니다. 우리는 왜 먹을까요? 당연히 배고프니까 먹겠죠. 그럼 배고프면 무조건 먹어야 할까요? 우리 집 삽살개는 아무리 배가 고파도 주인이 없으면 전혀 먹질 않습니다. 며칠 집을 비워도 먹질 않아요. 밥을 먹는 이유는 작게 보면 배고프니까 먹는 것이고, 크게 보면 살기 위해 먹는 걸 텐데 이놈은 죽을 기세로 먹질 않아요. 그전에 키우던 진돗개도 그랬습니다. 제가 우리 집 개 얘기를 하는 이유는, 먹는 행위는 배를 채우기 위한 것 말고도 관계 맺을 대상과 소통하고자 하는 목적이 있음을 말하기 위해서입니다. 말하자면 밥을 먹지만, 밥만 먹는 게 아니라 관계도 함께 먹는 소통의 한 과정이라는 거죠.

이렇게 먹을거리를 통해 맺고자 하는 관계를 저는 크게 사회적 관계와 자연적 관계로 나누고자 합니다. 사회적인 것은 누구와 어떻게 어디서 언제 먹을 것인가, 곧 횡적인 관계에 기초한 문화적인 소통입니다. 그리고 자연적인 것은 생명의 먹을거리를 낳은 흙, 그리고 생명의 먹을거리를 키운 하늘과 소통하는 종적인 관계이자 영적 행위입니다. 먼저 사회적 관계에 대해 살펴보겠습니다.

우리는 반가운 사람을 만나면 "언제 한번 밥이나 먹자"고 인사합니다. 인사치레일 수 있지만 실제로 우리는 밥을 함께 먹으며 정과 신뢰를 쌓습니다. 미워하는 사이끼리 함께 밥 먹는 경우는 흔치 않습니다. 즐거운 마음으로 정을 나누는 자리엔 밥이 있기 마련입니다. 밥으로 내 배를 채우면서 동시에 관계를 돈독히 합니다. 왜 그럴까요? 사람은 공동체적 관계 속에서 존재하고 그중에서도 함께밥 먹는 밥상공동체가 핵심이기 때문입니다. 밥상공동체 문화는 먹을거리 생산에 직접 이바지하지 못한 사람에게도 먹을 기회를 부여합니다. 이런 공동체 덕을 보는 대표적인 사람이 바로 아이와 노인입니다. 아이는 스스로 밥을 구할 자립 능력을 갖추는 데 오랜 세월이 필요하고, 노인은 그 세월 동안 아이를 돌봐야 하기 때문입니다.

먹을거리를 구하는 사람과 구하지 못하는 사람이 음식을 나누는 것은 사회적 관계를 복잡하게 만든 원초적 분업이었습니다. 노동이 분업화·효율화되면서 생산성이 높아지자 더 많은 잉여 식량이 생겼고, 이를 독점한 사람과 그렇지 못한 사람의 수직적 관계가 만들어졌습니다. 요즘 말로 갑과 을의 관계가 만들어진 것이죠.

관계를 위해 먹는 밥은 약이 되기도 하고 독이 되기도 합니다. 수평적 관계 속의 밥은 약이 되지만 수직적 관계 속의 밥은 독이 될 수 있습니다. 갑과 먹는 밥이 편할 리 없겠죠? 특히 우리나라는 농경공동체의 강한 결속력이 폐쇄성으로 이어져 수평적 관계보다는 수직적 관계가 더 중요시된 면이 있습니다. 아마도 사농공상(士農工商) 사상으로 상업과 무역을 억압하다 보니 외부와 단절된 공동체가 발달했던 걸로 보입니다.

폐쇄적 공동체는 긍정적이든 부정적이든 밥상에 영향을 미쳤습니다. 여기에선 일단 긍정적인 면을 살펴보겠습니다. 외부 물자나 식재료 유입이 제한되니 밥상은 기본적으로 자급자족일 수밖에 없었습니다. 요즘으로 치면 지역 먹을거리와 순환 경제가 기본이었습니다. 그리고 자급자족과 지역 먹을거리는 육식보다는 채식과 곡식 중심일 수밖에 없었습니다. 우리의 기후 조건은 목초지가 조성될 수 없는 이른바 몬순기후 지대여서 축산이 발달할 수 없었으니 육식이 주식이 되기는 힘들었습니다.

자급자족 경제는 비옥한 지대 외에는 풍족하기가 힘들었습니다. 우리나라의 흙은 대부분 화강암을 주재료로 한 산성흙이어서 어디나 돌밭이고 토질이 척박합니다. 그런 토양 조건에선 먹을거리가 늘 부족해 아끼고 나누는 문화가 더 발달했을 겁니다. 그래서 밥 먹는 일은 어떤 면에서 자기 배를 불리기보다 관계를 돈독히 하기 위한 성격이 강했습니다. 관계가 돈독해져야 내가 먹을 밥을 얻을 수 있지, 내 배만 불리겠다고 남을 배려하지 않으면 내 배도 불릴 수 없었을 겁니다. 집안 어른과 손님 먼저 정성껏 밥상을 대접하면 반드시 음식을 남겨 식구들이 먹을 수 있게 한 독특한 공동체 밥상 문화가 대표적입니다.

물론 이런 공동체 문화는 옛날이야기입니다. 그러기에 꼭 그것을 따르자는 게 아닙니다. 지금의 밥상 문화는 지금 시대에 맞게 바뀌는 게 합당합니다. 이제 음식을 남기는 일은 결코 공동체를 위한 게 아니며, 음식을 아끼지 않는 나쁜 습성에 불과합니다. 음식이 모자란 옛날과 달리 지금은 음식이 넘쳐나는 시대입니다. 그런데도 우리는 여전히 나눠 먹고 함께 먹어야 할까요?

잠깐 다른 예를 들어보겠습니다. 시대가 많이 바뀌어서 우리 사는 모습도 많이 바뀌었습니다. 사람의 기본 생활인 의식주 문화가 특히 바뀌었죠. 그런데 희한하게도 음식 문화는 제일 덜 바뀌었습니다. 거주지는 아파트로 대부분 바뀌었고, 옷은 엄청나게 바뀌어 옛날 한복은 특별한 경우 아니면 보기 힘듭니다. 이렇게 의식주 가운데 의와 주는 서구화됐는데 먹을거리는 여전히 전통식을 유지하고 있습니다. 한때 음식 낭비가 심하다고 해서 무료로 주던 밑반찬을 서양이나 일본처럼 돈 받고 팔다가 얼마 못 가 그만둘 만큼 전통식은 끈질기게 이어졌습니다. 물론 서양식 육식 문화와 빵, 가공식이 많이 늘었지만 그래도 여전히 전통식이 기본으로 유지되고 있습니다.

그렇다면 왜 음식 문화만 덜 바뀌었을까요? 줄곧 이야기해 왔 듯이 음식은 곧 '나'이기 때문일 겁니다. 옷과 집도 나의 일부분이지 만 밥처럼 몸속에 직접 들어오지는 않습니다. 다만 아쉬운 점은 우 리 전통이 아닌 혼자 먹는 문화나 단체 급식 문화가 요즘 너무 퍼지 고 있다는 사실입니다. 여기엔 배를 불리는 것 말고는 큰 의미가 없 다고 저는 생각합니다. 관계가 빠지고 배려가 배제되고 사랑이 결 핍된 밥입니다. 이른바 밥상공동체의 붕괴입니다.

밥상공동체는 무너졌지만, 그래도 우리는 여전히 남이 생산한 걸 얻어먹어야 하고 공동체까지는 아닐지라도 많은 사람과 함께 살아야 합니다. 나라는 존재는 혼자가 아니고 남과 함께라는 연대 감 속에서 살아야 하기 때문이죠. 그러나 우리는 많은 사람 속에 있 는데도 한없는 고립감에 갇혀 있습니다. 우울증이 늘고 급기야 세 계 최고의 자살률을 기록하고 있습니다. 그래서 다시 한번 내 배 채 우기 위해서가 아니라 관계를 돈독히 하기 위해 먹는 공동체 문화 의 절실함을 저는 역설합니다. 배를 채우는 것만큼 연대감과 사랑, 정을 채워야 우리는 비로소 배부름을 느낄 수 있습니다.

추석 때 성균관에서 차례상에 전을 굳이 올릴 필요가 없다고 해서 많은 주부가 환호한 적이 있습니다. 우리 집도 식구들이 모두 찬성해서 처음으로 차례상에 전이 올라오지 않았어요. 음식 준비하는 식구들이 편하니 모두가 즐겁고 좋았습니다. 차례 음식을 조상이 와서 드시기는 뭘 드시겠어요? 살아있는 자들이 조상 핑계로 몸보신하려는 게 솔직한 이야기일 테죠. 그런데 지금은 못 먹는 시대가 아니니 몸보신보다는 가족 간의 화목과 연대가 더 중요하지 않을까 합니다.

우리 공동체 문화는 약자와 어려운 사람을 돕고 함께하는 게 미덕이었습니다. 이미 돌아가신 조상의 권위를 지키는 일이 지금 함께 사는 사람을 배려하는 것보다 중요하지 않았습니다. 핑계일 수는 있어도…. 조선 최고의 성리학자 퇴계 선생이 제사상 음식을 먹고 싶어하는 부인에게 몰래 훔쳐 주었다는 유명한 일화가 있습니다. 이처럼 밥 먹는 일은 배 불리는 일이기도 하지만 연대와 배려와 사랑 속에서 나의 존재감을 키우는 일이기도 하니, 불가피하지 않다면 함께 먹자는 겁니다.

자연적 관계를 위해 먹는다

　횡적인 사회적 관계와 달리 자연적 관계는 종적입니다. 앞에서 말했듯이 사회적 관계가 문화적 소통이라면 자연적 관계는 종적 소통이며 영적인 행위입니다. 자연적 관계가 종적이라는 건 발아래의 땅과 흙, 머리 위의 하늘과 소통한다는 뜻입니다. 종적이고 영적이라는 것도 그런 뜻이지 특정 종교의 절대적인 존재와의 소통을 말하는 게 아닙니다.

　저는 먹을거리와 먹는 행위의 근본은 자연적 관계, 곧 종적이면서 종교적·영적인 것이라 봅니다. 왜 그럴까요? 답은 아주 간단합니다. 우리의 먹을거리를 흙이 낳고 하늘이 길러주기 때문입니다. 씨앗을 흙에 심으면 흙이 싹을 틔워줍니다. 그리고 해의 기운을 받아 광합성을 하며 자랍니다. 그렇게 흙이 낳고 하늘이 길러준 생명의 먹을거리를 먹는 행위는 결국 흙과 하늘과 소통하는 일이기 때문에 종교적이며 영적입니다. 그런데 먹을거리가 흙과 하늘의 합작품이고 먹는 행위는 흙과 하늘과 소통하는 일이란 걸 모르니 먹는 일의 종교(영)적 가치를 모릅니다. 게다가 요즘은 흙과 하늘의 합작품과는 거리가 먼 먹을거리들이 많아 더욱 그 가치를 모릅니다.

'What' 장에서 소개한 토종 농사짓는 스님 이야기를 기억할 겁니다. 토종 음식을 먹어야 영발이 잘 받는다는 스님 이야기 말입니다. 거기에서 '영발'을 땅과 우주 자연과 소통하는 것이라 정의한 바 있는데 지금 생각해보니 조금 막연합니다. 제가 그걸 딱 짚어 뭐라 이야기할 만큼 공부가 깊지 못하지만, 내가 먹는 먹을거리도 나와 별 차이 없는 소중한 생명이란 걸 기본으로 일러두고 싶습니다. 정성껏 거름 만들어 흙을 돌보고, 하늘의 순리에 따라 먹을거리를 일구고, 열매와 씨앗을 거두어서 감사한 마음으로 먹습니다. 그렇게 미래를 준비하다 결국엔 흙으로 돌아갑니다. 이런 행위 자체가 종교적이고 영적입니다. 먹을거리의 순환, 곧 생명의 순환에서 우리는 한 국면일 뿐입니다. 만물의 영장이라는 착각과 에고를 버려야 합니다.

사회적 관계의 먹을거리보다 자연적 관계의 먹을거리를 중심에 두길 권합니다. 그렇지만 인간은 자연적 관계를 축소 또는 거부하고 사회적 관계가 지배하는 세상으로 만들어 왔습니다. '인간은 만물의 영장'이라는 사상이 대표적입니다. 만물의 영장이기에 자연적 관계보다는 사회적 관계가 더 중요하게 되었습니다. 공동체적 관계가 중심이었던 옛날과 달리 지금의 사회적 관계는 계약 관계이고 법적 관계이며 이익을 나누는 관계입니다. 이에 따라 먹을거리도 나누어지는데, 단순하게 말해 사회적 관계의 먹을거리가 바깥 밥이라면, 자연적 관계의 먹을거리는 집밥이자 지역 밥이며 내가 텃밭에서 일군 밥입니다. 그래서 저는 먹을거리의 맛은 부엌에서 만들어지기보다 텃밭에서 만들어지고, 양념으로 맛을 내는 게 아니라 퇴비 맛. 흙 맛으로 낸다고 말합니다.

아무튼 사회적 관계의 나보다 자연적 관계의 나를 중심에 두길 권합니다. 요즘 세상은 자연적 관계의 나는 없고 오로지 사회적 관계의 나만 있습니다. 사회적 관계에는 사랑이 있지만 미움과 갈등도 있습니다. 사랑은 미움과 갈등으로 바뀔 수 있지만 미움과 갈등을 사랑으로 승화하긴 아주 힘듭니다. 그래서 사회적 관계는 늘 갈등이 끊이지 않는데, 이는 자연적 관계가 중심에 없기 때문입니다.

한번은 유명 정치 지도자가 자신의 지지자들 앞에서 제게 농사의 소중함에 대해 이야기해달라고 한 적이 있습니다. 이런저런 이야기 끝에 결론으로 "왜 사람에게만 투표권이 있나? 이 지구에 사람만 사는 게 아닌데, 이건 불공정한 특권이다. 나는 배추에도 투표권이 있는 세상이 오길 바란다"고 말했어요. 덧붙여 "상처는 늘 사람이 주지 배추가 주지 않는다"고 했죠. 자연적 관계의 나를 찾자는 걸 말하고 싶었습니다. 얼토당토않은 이야기를 사람들이 진지하게 들어준 기억이 선합니다.

조금은 무거운 다른 비유를 들고 싶습니다. 동양 고전《대학(大學)》에 나오는 "수신제가치국평천하"라는 말입니다. 저는 '수신제가'를 자연적 관계 속의 자신을 수련하는 것으로 해석해요. '치국평천하'는 사회적 관계를 다스리는 일이고요. 요즘 세상은 치국평천하만 이야기하지, 수신제가는 이야기하지 않습니다. 수신은 나를 닦는 일로 자연적 관계 속의 나를 찾는 일입니다. 다음으로 제가는 집안의 유교적 서열 질서를 말하는 게 아니라 앞의 'Where' 장에서 말했듯이 집을 나의 분신으로, 또는 나를 집으로 확장하는 것으로 해석합니다. 말하자면 나와 집을 하나로 하는 일이죠. 조왕신이 깃들어 있는 부엌을 중심으로 집을 봤듯이 먹을거리 활동이 중심이 된 공간으로 집을 보는 겁니다. 물론 제가의 가(家)는 건축 공간만을 말하는 것이 아니라 그 공간에 사는 식구, 가족까지 포함한 개념입니다. 죽어있는 물질적 공간이 아니라 살아있는 생명의 공간이며, 한 생명이 독점하는 공간이 아니라 여러 생명이 오랜 세월 함께해 온 공간입니다. 따라서 에고의 나를 초월한 신이 깃들어 있는 공간으로 보는 겁니다.

또 다른 이야기로 "세상을 옳게 바꾸려면 나 먼저 바꾸라"는 격언이 있습니다. 남 탓, 세상 탓만 하지 내 탓은 없는 요즘 세태에 맞는 이야기입니다. 그런데 이게 무슨 성인군자가 되라는 말이 아닙니다. 곰곰이 생각해보죠. 세상 탓, 남 탓만 하면 지혜가 나오지 않습니다. 분노는 나올지 모르지만, 분노는 지혜와 거리가 멉니다. 내 탓을 해야 지혜와 방법이 생깁니다. 뭐든지 해결책은 나로부터 시작하기 때문입니다.

그렇습니다. 관건은 나를 만들 줄 아는 것이고, 그것이 바로 위에서 말한 수신입니다. 수신에는 여러 가지가 있지만 저는 첫걸음을 바른 먹을거리 활동에서 찾아요. 이 책에서 줄곧 이야기한 '육하원칙으로 본 먹을거리' 말입니다. 우리는 이미 얽히고설킨 수많은 사회적 관계 속에서 살고 있지만, 실제론 고립된 삶을 살고 있을지 모릅니다. 그렇지만 '나'라는 중심만 흔들리지 않는다면 수많은 관계에 휘둘리지도, 깊은 고립감에 빠져들 리도 없습니다. 생명의 근원인 흙과 소통하고 생명을 길러주는 하늘과 소통한다면 말입니다. 나를 찾기 위해 굳이 힘들게 현실과 동떨어져 면벽 수도할 필요가 없죠. 흙이 낳고 하늘이 길러준 먹을거리를 먹는 일부터 제대로 한다면 어려울 게 하나 없습니다.

공자의 어록인 《논어》〈학이〉에 이런 말이 있습니다. "인부지이불온(人不知而不慍)이면 불역군자호(不亦君子乎)"라는 말인데요, 해석하면 '남들이 나를 알아주지 않아도 화를 내지 않으면 이 또한 군자가 아니겠는가'쯤 될 겁니다. 나의 중심이 뚜렷한 사람을 말하고 있는데요, 그 중심이 사람과의 관계에서 나온다고 말하는 듯합니다. 그러나 저는 그 중심이 사람과의 관계에서 나오는 게 아니라, 땅과 하늘과의 소통에서 나온다고 봅니다. 그리고 그건 먹는 일로부터 시작하므로 어려운 군자의 일일 필요가 없습니다. 그런 점에서 공자의 군자론은 엘리트주의 같아 아쉬움이 큽니다. 군자의 첫 번째 덕목으로 "학이시습지(學而時習之)", 곧 학습을 얘기한 걸 보면 알 수 있습니다. 물론 학습이 책상머리에서 책 공부에나 파고드는 것은 아닙니다만, 결국은 군자의 덕목이라 하니 그렇게 해석될 수밖에 없죠.

저는 오히려 신영복 교수의 해석을 더 따르는 편입니다. 신영복 교수는 '학습'보다 '공부(工夫)'를 강조합니다. 일상에서 우리는 학습보다 공부라는 말을 더 쓰죠. 우리와 중국, 일본 중에 학습이라는 뜻으로 공부를 쓰는 나라는 우리뿐인 걸로 알고 있습니다. 중국에서 공부는 '쿵후'입니다. 무예죠. 물론 단련이란 뜻에선 일맥상통하는 점이 있습니다. 일본에선 '면강(勉强)'이란 말을 씁니다. 신영복 교수는 '공'을 농사짓는 일과 같다고 해석합니다. 공부는 머리에서 시작해 가슴을 거쳐 발까지 가는 여행[14]이라면서 한 말입니다. 공부에 대한 해석의 압권은 "달팽이도 공부한다"입니다. 그러니까 군자만 공부(학습)하는 게 아니라 모든 생명은 공부한다는 겁니다.

그러면 학습보다 왜 공부라는 말을 썼고, 왜 농사짓는 일과 같다고 했을까요? 제가 볼 때 그 비밀은 공(工)이란 글자에 있습니다. 일단 위에 한 줄로 그은 일(一)은 하늘을 뜻합니다. 그리고 아래에 그은 또 다른 일(一)은 땅을 뜻합니다. 가운데 수직으로 그은 곤(丨)은 하늘과 땅을 이어 통하게 하는 일, 곧 농사입니다. 글자가 이루어지는 과정이 머리(하늘)에서 시작해 가슴(농부)을 거쳐 발(땅)로 가는 여정을 뜻합니다. 그렇게 해서 나오는 게 밥이죠. 밥 먹기는 하늘과 땅을 통하게 하는 일이고, 모든 생명은 밥을 먹기 위해 노력하기에 달팽이도 공부한다고 한 겁니다.

이제 밥 먹는 일은 하늘과 땅을 통하게 하는 존귀한 일이고, 그를 통해 나의 자존감(自存感)을 높여주는 일이니, 남에게 휘둘릴 것도 외롭다고 해서 고립감에 빠져들 것도 없습니다.

하늘과 땅과 소통하는 필부의 삶

내가 살기 위해 밥 먹는 일이 하늘과 땅과 소통하는 공부라 했습니다. 그런 공부는 남을 부리는 갑이 되기 위한 출세의 방편일 수 없습니다. 하늘과 땅과 소통하는 사람은 남과도 소통하는 데 거슬림이 없습니다. 그게 화이부동(和而不同)이라고 저는 해석해요. 설령 불가피하게 남과 소통이 되지 않는 일이 생기더라도 고립감에 빠질 리가 없습니다. 그런 공부를 한 사람은 내가 살기 위한 것조차 남이 사는 일일 수 있고, 남을 살리기 위해 내가 죽어야 하더라도 그 또한 내가 사는 길일 수 있습니다.

예를 들어보겠습니다. 일제강점기에 일제의 수탈을 피해 연해주로 가서 갖은 고생 끝에 자리 잡고 사는 우리 동포들이 있었습니다. 그런데 어느 날 일제와 야합한 소련에 의해 갑자기 중앙아시아로 끌려가 초원 지대에 내팽개쳐졌습니다. 강제 이주를 미리 통보 받지도 못한 채 밭에서 일하다 마구 끌려갔습니다. 씨앗과 호미만 겨우 챙길 수 있었습니다.

두 달여에 걸쳐 끌려가는 기차 안에서 많이 죽었고, 추운 늦가을 도착한 초원 지대에서 겨울을 나는 동안 많은 사람이 추위와 굶주림으로 죽었습니다. 그런데도 그들은 가져간 씨앗을 먹지 않았습니다. 앞에서 말했듯이 우리에게 씨앗은 식량입니다. 그들은 씨앗을 먹지 않고 굶어 죽기를 선택했습니다. 만약 그것을 먹었다면 모두가 죽었을 수도 있습니다. 남겨진 씨앗으로 후손들은 열심히 농사지어 그곳에 다시 자리를 잡았습니다. 그뿐만 아니라 유목이나 가능한 초원 지대에 벼농사 등 여러 농사 기술을 보급해 중앙아시아 사람들에게 큰 인정을 받았습니다. 지금도 고려인(카레이스키) 하면 부지런하고 농사 잘 짓는 사람들로 인상이 잡혀 있습니다. 저는 씨앗을 눈앞에 두고도 먹지 않고 죽어간 사람들의 마음이 궁금했어요. '후손을 위해 죽어간 그들의 마음은 편했을까?'

비슷한 얘기가 또 있습니다. 2차 세계대전 때 독일 히틀러가 소련을 침공해 레닌그라드(지금의 상트페테르부르크)를 3년여 동안 봉쇄한 적이 있습니다. 외부로 들어오는 식량, 에너지, 의약품이 모두 끊겼죠. 얼마나 굶주렸는지 인육을 먹는다는 소문이 돌고, 벽지의 마른 풀로 수프를 끓여 먹고, 가죽 허리띠와 구두를 끓여 먹을 정도였습니다. 당시 레닌그라드에는 세계적인 종자연구소가 있었습니다. 세계적인 식량 종자학자 바빌로프의 바빌로프유전자원연구소(VIR, N.I.Vavilov Institute of Plant Genetic Resources)인데, 바빌로프가 평생 세계 구석구석을 다니며 모은 종자가 있는 최고의 종자은행이었습니다. 그러나 소련 당국은 예르미타시라는 세계 3대 박물관에 소장된 고가의 미술품들을 안전한 곳으로 빼돌려 히틀러에게 빼앗기지 않는 데에만 집중했습니다. 바빌로프유전자원연구소에 소장된 세계 각지의 씨앗을 지키는 건 오로지 연구소 직원들 몫이었습니다.

도시의 많은 사람이 굶어 죽어 나갔고 연구소 직원들도 마찬가지였습니다. 직원들의 눈앞에는 먹을 수 있는 씨앗이 있었습니다. 만약 도시민들이 씨앗의 존재를 안다면 당장 쳐들어올 판이었습니다. 작은 씨앗들은 어떻게 해서든 감출 수 있었지만, 감자처럼 영양체(몸체)로 번식하는 작물은 밭에서 계속 재배하며 이어 가야 해서 지키기가 쉽지 않았습니다. 밤새 씨감자 밭을 지키면서 연구소 직원들은 굶어 죽었습니다. 단지 씨앗을 지키기 위해서…. 씨감자를 보며 죽어 간 그 사람들의 마음은 어땠을까요?

다시 '우리가 왜 먹어야 하는가?'라는 질문으로 돌아가보겠습니다. 책머리에서 저는 먹기 위해 산다고 말했어요. 그런데 먹지 않고도 사는 길이 있다면 어떨까요? 만약 그게 가능하다면 고려인들과 바빌로프유전자원연구소 직원들의 마지막이 괴롭지만은 않았을 겁니다. 먹지 않고도, 그래서 죽음을 받아들이면서도 살 수 있는 길을 알았다면 말입니다.

우리는 늘 죽음을 거부하는 삶으로 이끌려 온 측면이 있습니다. 조금이라도 아프면 병원으로 달려가고, 배가 비면 무언가로 채우려 하고, 늙음을 비하하면서 젊음을 숭상하고, 행복하지 않으면서 늘 행복과 사랑을 이야기하고, 성공한 삶을 이야기하면서 성공하지 않은 삶의 의미는 돌아보지 않는 삶을 강요받아 온 것은 아닐까요? 그렇게 한쪽으로만 익숙해진 사람에게 이 고려인들과 종자연구소 직원들의 마지막 모습은 그저 남을 위해 희생한 이타적인 모습으로만 비칠 겁니다. 그래서 존경하는 마음은 갖겠지만, 속으로는 딱한 사람들이라 동정할지 모릅니다.

저는 이 죽음들을 군이 이타적인 죽음으로만 해석하고 싶지 않습니다. 남을 위해서 죽은 게 아니라 나를 위해 죽은 것이라 해석하고자 합니다. 이때의 나는 갈 때를 모르고 연명에 집착하는 에고에 갇힌 내가 아닙니다. 삶과 죽음의 경계를 넘어선 나입니다. 그런 삶이 도인이나 성인에게만 해당하는 이야기라 보지 않습니다. 제가 소개한 죽음들도 성인의 이야기가 결코 아닙니다.

평소 삐딱한 생각을 즐기는 저는 옛날 장례 문화 중 고려장에 관심이 많았습니다. 그러다 우연히 히말라야 고산족 중 지금도 고려장을 고수하는 소수민족의 다큐멘터리를 본 적이 있습니다. 유목민족인 그들은 늙어 자기 몸조차 가누지 못하게 되면 자식들에게 짐이 되니 먼 벌판에 텐트를 치고 한 달 치 식량을 갖고 가 죽기만 기다립니다. 자식들이 한 달 치 식량을 갖고 찾아가 살아계시면 식량을 드리고 오고, 돌아가셨으면 장례를 치르고 옵니다. 이별의 절을 드리며 눈물 흘리는 자식들에게 부모는 이렇게 말합니다.

"너희 할아버지 할머니도 이렇게 모셨으니 전혀 슬퍼할 일이 아니다. 나는 지금 행복하고 편안하다. 그러니 어서 가보아라."

TV로 보는데도 노인의 눈빛이 그윽하고 편안해 보였습니다. 제가 상상한 고려장의 모습이었죠.[15]

제게 유기농부의 삶을 가르쳐준 어느 농부 선생님의 선친 이야기도 죽음의 의미를 되돌아보게 하기에 충분했습니다. 선생님이 평생 유기농사를 지으며 사신 선친이 위독하다는 소식에 임종을 지키기 위해 급하게 찾아뵀을 때는 돌아가신 직후였습니다. 선생님은 임종한 선친의 얼굴을 보고는 아버님을 따라 농부의 삶을 살기로 마음먹습니다. 선친의 입가에 머금은 엷은 미소가 선생님의 결심을 끌어낸 겁니다.

유기농부의 삶을 몸으로 보여준 또 다른 선생님의 삶과 죽음 이야기도 감동을 줍니다. 그분은 평생을 농사가 기도하는 삶이라 믿었습니다. 같은 뜻으로 모여 도를 닦는 여성 벗들과 함께 기독교

수도회를 이끌었죠. 당신의 신앙을 남에게 전도하지 않았고, 말로 남을 가르치려 하지 않았으며, 오롯이 삶으로 당신을 보여줄 뿐이었습니다. 독신 여성들이 기도하며 농사짓는 마을이라고 지자체에서 입구에 '수녀골'이라 안내판을 세웠지만, 천주교에서나 쓰는 수녀라는 말에 전혀 신경 쓰지 않을 만큼 신심의 그릇이 보통 아니었습니다. 선생님은 나이 들어 스스로 거동하기 불편해지니 이제 갈 때가 되었다며 곡기를 끊고는 두어 달 뒤 돌아가셨습니다.

저는 고려장이나 곡기를 끊고 택한 죽음을 자살이라 보지 않습니다. 돌아갈 때를 알고 스스로 죽음을 선택한 거라 생각합니다.

살기 위해 감사한 마음으로 맛있게 생명을 먹습니다. 똥을 누면 거름을 만들어 흙을 돌봅니다. 하늘의 힘을 빌려 생명을 일구고 열매와 씨앗을 거두어서 후손을 준비합니다. 마지막에는 나를 위해 죽음을 받아들이고 미련 없이 흙으로 돌아가는 인생입니다. 그뿐입니다. 그것이 바로 남들이 나를 알아주지 않아도 화를 내기는커녕, 죽음조차 삶의 한 과정으로 승화시키는 하늘과 땅과 소통하는 필부(匹夫)의 삶입니다.

주

1 "판다는 원래 육식동물? 하루 14시간 대나무 먹게 된 사연", 〈중앙일보〉, 2021. 2. 1.

2 자존감의 '존'을 '높을 존(尊)' 자가 아니라 '존재할 존(存)' 자를 쓴 까닭은 자신을 존경한다는 뜻보다 스스로 존재한다는 의미로 쓰기 때문이다. 자존감 (自存感)은 스스로 존재하고자 하는 마음가짐이라고 할 수 있다.

3 《조선왕조실록》, 세종 4년(1422년) 11월 1일(갑인).

4 서유구,《임원경제지》〈본리지〉2, 소와당, 445쪽.

5 "아프리카 농민의 王, 치매 아내 간병 '한국인 슈바이처'", 〈조선일보〉, 2020. 10. 17.

6 "주요국 1인당 해산물 소비량 1위는 한국", 〈소비자신문 컨슈머포스트〉, 2021. 11. 1.

7 미국의 비영리 환경보호단체 환경방어기금(EDF) 소속 과학자들은 논에 물을 간헐적으로 대는 간단관개를 실시했을 때 아산화질소가 예상보다 많이 방출된다는 연구 결과를 발표했다. "메탄가스 줄이는 벼농사 농법, 아산화질소 되레 늘려", 〈연합뉴스〉, 2018. 9. 12.

8 지구온난화와 오존층 파괴의 주범인 아산화질소의 발생 원인이 토양에 널리 서식하는 고세균(古細菌, Archaea)이라는 사실을 국내 연구진(충북대 미생물학과 이성근 교수팀)이 밝혀냈다. "기후 변화 주범 아산화질소의 발생 원인은 고세균", 〈연합뉴스〉, 2013. 11. 17.

9 KBS 스페셜, 〈종자, 세계를 지배하다〉, 2011.

10 소고기 1킬로그램을 생산하는 데 곡물 16킬로그램이 필요하다는 자료도 있다. 이에 근거하면 1년에 한 사람이 51킬로그램의 소고기를 먹는다고 할 때 816킬로그램의 곡물을 먹는 셈이다. 13~14명이 먹을 수 있는 양에 해당한다.

11 우리나라 자료는 약간 다르다. "우리나라 전체 온실가스 배출량 중 농업 분야 비중은 1990년 7.2%서 지난 2017년 2.9%로 낮아졌으며 그중에서도 축산은 1.9%서 1.2%로 비중이 줄었다"("축산업 온실가스 주범 아니다", 〈양돈타임스〉, 2020. 9. 3).

12 서울 25개 자치구의 낙엽 재활용 실태(2009년)를 보면 10월 말~12월 말 낙엽 배출량은 3만 톤 추정, 그중 1만7,400톤(58퍼센트)이 수거되어 매립 혹은 소각, 농가 재활용(무상 제공)은 9,000톤(30퍼센트 정도), 퇴비화는 9퍼센트 정도로 알려졌다. 충청북도, 〈낙엽 재활용(연료화·퇴비화) 방안 연구 용역〉, 2020년 8월, 11~12쪽.

13 여기에서 '자연'을 남에 의해 그러한 존재가 아닌, 말 그대로 스스로(自) 그러한 존재(然), 곧 철학적 개념까지 포함해 이해하면 좋을 것 같다. 다만 우리가 보통 말하는 자연은 인간의 아집이 만든 인위적인 문명의 세계와 반대로, 인간의 아집과 무관하게 원래부터 존재했던 야생의 개념으로 이해해도 무방하다. 이 세상에 스스로 그러하게 존재하는 것은 자연밖에 없기 때문이다. 그래서 자연이란 개념을 더 추상화해 근본(nature)이라 할 수도 있고, 나아가 본성(本性)이라 할 수도 있으며, 신(神)이라 할 수도 있다.

14 신영복, 《담론》, 돌베개, 20쪽.

15 KBS 다큐멘터리극장, 〈일부다처제 인도 록파족〉, 1997. 9. 27.

어제 어떻게 먹었나요?

1판 1쇄 발행 2023년 8월 25일

지은이 안철환 | **펴낸이** 임중혁 | **펴낸곳** 빨간소금 | **등록** 2016년 11월 21일 (제2016-000036호)

주소 (01021) 서울시 강북구 삼각산로 47, 나동 402호 | **전화** 02 - 916 - 4038

팩스 0505 - 320 - 4038 | **전자우편** redsaltbooks@gmail.com

ISBN 979-11-91383-36-2 (03330)

•책값은 뒤표지에 있습니다.